HIRZEL *Menu*

Hochsaison

Herausgegeben von H.-U. Grimm

Vincent Klink

Hochsaison

Ein Genußratgeber für alle Jahreszeiten

Mit Illustrationen
von Volker Kriegel

S. HIRZEL VERLAG
STUTTGART · LEIPZIG 1999

Impressum

Die Deutsche Bibliothek – CIP-Einheitsaufnahme

Klink, Vincent:

Hochsaison : ein Genußratgeber für alle Jahreszeiten / Vincent Klink. Mit Ill. von Volker Kriegel. Hrsg. von H.-U. Grimm. - Stuttgart ; Leipzig : Hirzel, 1999

(Hirzel Menu)

ISBN 3-7776-0876-9

Birkenwaldstraße 44, 70191 Stuttgart

Printed in Germany

Einbandgestaltung und Innentypografie: de'blik, berlin

Druck: Gulde Druck GmbH, Tübingen

Inhalt

Rabelais studiert.

1.

Neue Kulinarik

Über Vincent Klink

Von Vincent Klink

Vincent Klink wurde in eine Familie hineingeboren, die sich durch alle Nachkriegs-Freßwellen aß. Täglich war exzessives Kochen angesagt. In bester bourgeoiser Wollust leistete sich der Tierarzthaushalt 1956 sogar über einige Jahre die famose Frau Slonek, eine Wiener Köchin.

Dann kam das Internat bei den Mönchen, die ihn als Priester rekrutieren wollten. Er hätte sicher gar keinen so schlechten Kardinal abgegeben. Allein, die Exerzitien und die tägliche Atemnot durch die Inhalation zu stark qualmender Myrrhe und Weihrauchs, die täglich geleierten Gebete, das lieblose Essen von Ordensschwestern, die ihre Patres liebten, aber offensichtlich nicht die Schüler, das alles verhinderte einen Einstieg in den Klerus, nicht zu reden von den immer mehr drängenden, pubertären Sexträumen.

Die Berufswahl war schnell geregelt: der Wunschberuf Grafiker wurde als brotlose Kunst vom Elternhaus abgelehnt. Vater sagte, Tierarzt sei der am schlechtesten bezahlte Akademikerberuf, in Kochtöpfen jedoch zu rühren sei höchstes Glück, und der Erkundung noch so vieler Kuhgedärme grundsätzlich vorzuziehen. So begann Vincent, damals noch vierundfünfzig Kilo wiegend, die Lehre bei den großen Meistern der badischen Küche, zuerst bei Walter Haas und als ausgelernter Eleve bei Rudolf Katzenberger in Rastatt. Dann folgte, trotz Pazifismus, die Bundeswehr. Dreimal wurde er befördert und zweimal degradiert. Vin-

cent war für blinden Gehorsam nicht blind genug, andererseits war auch sein wehrkraftzersetzender Frohsinn einer clausewitz'schen Karriere hinderlich. Viel Durst. Abhilfe durch intensiv genutzte Natopause. Bei der soldatischen Vesperpause um neun Uhr morgens waren mindestens drei Halbe Bier als Präventivmaßnahme abonniert. Nach dem Wehrdienst konnte folglich im Klinkschen Soldatenschädel nicht mal mehr die Rezeptur eines Pfannenkuchenteigs nachgewiesen werden.
Neuanfang und gastronomische Erleuchtung kam dann im Restaurant Humplmayer in München, dem damals feudalsten Etablissement der Republik. Mit der Selbständigkeit 1974 in Schwäbisch Gmünd wurde Klink einer der ersten Anhänger der "Nouvelle Cuisine". Neunzehnhundertachtundsiebzig wird Wolfram Siebeck erstmals Gast und alsbald Dauerfreund des "Postillion" in Schwäbisch Gmünd. Jahrelang schmeckte es ihm woanders nicht mehr. Im selben Jahr spendiert der Michelin einen Stern, der bis heute blieb.
Aus dem Wunsch, eine Gästezeitung aufzulegen, entstand 1986 die "Rübe", das Magazin für kulinarische Literatur im Haffmans-Verlag. 1991 Umzug nach Stuttgart ins neuerbaute "Restaurant Wielandshöhe". 1992 wurde die "Rübe" eingestellt und bei Klett-Cotta der "Kulinarischer Almanach" veröffentlicht. Die "Nouvelle Cuisine" wich bald einer modernen Klassischen Küche mit mediterranen Einflüssen und ist heute in schwäbisch-regionalen Traditionen eingebunden.
Lebensmittelskandale, verlorene Eß- und Trinkgewohnheiten führten in den letzten Jahren zu einem radikalen Umdenken. Immer noch geht es um hohen Genuß, aber nicht mehr um jeden Preis. Eine Biokartoffel rangiert für Klink im kulinarischen Wert inzwischen vor dem halb vergifteten Kaviar aus den Kloaken, die sich ins Kaspische Meer ergießen. Es geht ihm heute um die letzten aufrichtigen Bauern der Region, um Gärtner, Tierzüchter und Lieferanten mit ethisch motivierter Berufsauffassung. Aus Klink wurde ein schreibender und dadurch auch politischer Koch, der gegen die Lebensmittelindustrie, gegen erdballumrundenden Lebensmitteltourismus streitet. Vincent Klink versus Novelfood, Fastfood und letztendlich auch contra okkupante Abstinenzler und verkniffene allzudeutsche Sinnlichkeitsdiät.

2.

Lobet den Wirt

(solange es ihn noch gibt)

Der ideale Gast / Pinot grigio al dente / Essen ohne Wirt / In der Küche mit Renate

Der ideale Gast

Seit über dreißig Jahren schwinge ich nun die Pfannen und wirble im Lokal herum, immer auf der Suche nach dem idealen Gast. Schon lange ist es her, da bewirtete ich den bayerischen Satiriker Gerhard Polt, der mich mit einer Feststellung völlig zu Boden riß: "Der Gast ist der natürliche Feind des Wirts". Ich ließ mich trotzdem nicht entmutigen, und versuchte, mir vom optimalen Kunden auch eine eigene Vorstellung zu bilden frei nach Tucholsky: "Im Gasthaus ist immer einer der Dumme (oft der Wirt), es kann aber auch funktionieren, wenn beide dumm sind": Wirt und Gast.

Oder wenn beide von hohem Geiste sind, denn wir reden ja nicht von normalen gastronomischen Futterplätzen, sondern von der Feinschmeckerei: Gast und Koch vertragen sich gut, wenn sie beide intelligent und vielleicht sogar noch von ähnlicher Wesensart sind. Viele glauben, der Unwissende wäre für den Wirt der bequemere Partner und das leichtere Opfer. Das Greenhorn als Gast ist aber auch kein leichter Fall. Es mag dies und jenes nicht, und fühlt sich oft nicht verstanden. Beim idealen Gast ist es umgekehrt. Er hat einen dem Hause angemessenen Appetit und sowieso Lust auf alles, was gut schmeckt. Der Feinschmecker mit geschulter Sinnlichkeit und Genußbereitschaft kommt dem Idealgast schon sehr nahe. Jeder soll sein Glück finden, solange er nicht im lila Jogginganzug eintritt und aufmuckt, oder, noch nicht am Tisch, mit tief in den Hosentaschen vergrabenen Händen schon superlocker die ersten Anweisungen durch den Saal ruft. Auch nehme ich Reklamationen hin, unterhalte mich über zu hartes Gemüse, ein zu weiches Gratin. Nichts aber ist unangenehmer, als wenn Leute hereinstürmen und damoklesschwertig den "Michelin" oder den "Varta" schwingen. Schlimm auch, wenn mich Gäste inquisitorisch mahnen, den Rotwein doch auf Körperwärme zu chambrieren und im Besitz des absoluten Weinwissens auch noch glauben, lautstark das ganze Lokal davon überzeugen zu müssen. Ich freue mich, wenn es lebendig, meinetwegen auch laut zugeht, denn mein Unternehmensziel ist nicht das ehrfurchtsstille kulinarische Walhall. Mich treibt aber der Wahn und Wunsch um, mein Restaurant gleichsam als "Stonehenge" der Entspannung und subtiler Genußfreude zu bewahren. Wenn alles stimmt, dann summt es im Restaurant wie in einem Bienenstock, dann sind Gäste, Personal und der Koch eine verschworene Gemeinschaft. Logisch, daß nicht jedermann dazu paßt, das muß auch nicht sein.

Der ideale Gast akzeptiert gemäßigte Diktatur. Wer soll denn in meinem Restaurant die Choreographie des Aufenthalts besser steuern können als meine Frau, die den Service leitet, oder ich, der Koch? Kann ich einen Gast rückhaltlos akzeptieren, der heimlich Jahrgangstabellen studiert und dann sein "Superlearning" heraushängt, daß selbst die es erfahren, dies nicht wissen wollen? Es ließe sich mit friedfertiger Behaglichkeit der Sommelier gern dazu befragen.

Wie alle Ideale ist auch der ideale Gast ein Phantom, das erstrebenswert, aber kaum konkret zu fassen ist. Auch ich kann ja kaum je den idealen Gastgeber repräsentieren. Der Annäherung halber sei gesagt, daß ich mir den Idealgast so unvollkommen vorstelle, wie ich mich selbst außer Haus bei Tisch verhalte. Es sei verraten: Mit Anlehnung an Oscar Wilde laß' ich mir bei Tisch durch nichts die Freude verderben, solange die Qualität ungefähr stimmt. Grundsätzlich studiere ich keine Essenpreise. Mein bescheidener Geschmack verlangt nicht viel, nur das Beste. Ehrlich gesagt, so kommt es höchst selten zu Flops. Allerdings weiß ich auch immer genau, wo ich bin (Feinschmeckerleser), und was ich zu erwarten habe. Also inmitten der Pampa bitteschön keinen Meeresfrüchtesalat.

Ich kann es nicht leiden, wenn mich ein Gast auf Trab bringen will, indem er mir von phantastischen Holzkohlenscampi auf Capri berichtet, und daß in Deutschland schon wegen des Wetters nur ein elendes Dasein möglich sei. Ach, viele Leute dünken sich so toll, daß es offensichtlich nicht genügt, sich dessen beim morgendlichen Rasieren selbst zu vergewissern. Wer mich nach dem idealen Gast fragt, dem sag' ich: “Leute, geht ins Restaurant und macht mal das Gegenteil dessen, was Therapeuten und Ärzte euch raten: Verdrängt! Weg mit dem Alltag! Laßt eure Beschädigungen außen vor. Betrinkt euch, wenn ihr Lust habt, aber geräuschlos. Laßt den Sinnen Vortritt und sucht ja nicht nach dem Würmchen im Salat, denn ihr werdet es bestimmt finden. Seid nicht traurig, wenn ihr nicht gleich als hochnoble Leute erkannt werdet. Ich kann doch nicht spezialfreundlich wie ein Pizzabäcker auf brandneue Gäste zutölpeln, um womöglich ein Ehe-fernes ‘Tête-à-Tête’ zu enttarnen.”

Der ideale Gast zweifelt nicht an der Qualität meiner Küche und schon gar nicht an den Preisen. Denn in meinem Restaurant herrscht trotz meiner diktatorischen Präsenz die schiere Demokratie: Kein Platz für VIP's und solche, die sich dafür halten, niemand wird besser bekocht, niemand zahlt mehr oder weniger als der andere, auch die Tester nicht. Mit einer Ausnahme: Siebeck, der Kulinarienpapst. Er bekam kürzlich als Finale das Personalessen und war damit sehr glücklich. Schön wäre es, wenn die Zahl der Gäste wüchse, denen ich, wie ihm, Hasenläufe in Blutsauce auf den Tisch stellen könnte. Will sagen: Es wird nicht unterschiedlich gekocht, sondern so gut wie möglich. Wer das einsieht, komme wieder. Der Gast der wiederkommt, ist dann auch etwas besonderes. Der Idealfall ist, wenn auch ich ihn wiedersehen möchte, man also zusammenpaßt, was Gottseidank recht häufig ist.

Zwar ist der vollkommene Gast so häufig anzutreffen wie der Yeti, aber auch ideale Wirte sind rar, und ich gehöre schon gar nicht dazu. Wenn sich beide, Koch und Gast, respektieren und gar ergänzen, fehlt nicht mehr viel. Bei dieser Gelegenheit will ich nun die Heimat loben. Wir Deutschen sollten unsere kulinarischen Zweifel ablegen und uns mehr der Leichtigkeit des Seins hingeben. Wer im Ausland viel herumkommt, wird es mir bestätigen, Connaisseurs sind überall auf der Welt in der Minderheit. Sogar in Norditalien drängen sich jede Menge blasierte Nörgler an die Tische, selbst die Franzosen versinken zusehends in Fritten, der Rest der Welt nörgelt auch am Wirt herum. Der kornbrennende Whisky-Kulturkreis verspeist mit Contenance jeden Dreck. Als Koch und Wirt sag ich's auch dem, der es nicht hören will: Ich bin froh, in Deutschland die Pfanne zu schwenken.

Pinot grigio al dente

Neidvoll müssen wir stillen Spaghettifreunde oft mit ansehen, wie der italienische Padrone seine Stammgäste begrüßt, ja bejubelt, als hätte man sich seit Jahrzehnten nicht mehr gesehen. Wem solche Ehre widerfährt, der wird auch nicht versäumen, durch ein routiniertes "Buon giorno" oder "Buona sera" allen anderen Anwesenden im Fortissimo klarzumachen, daß man zum engeren Kreis des Hauses gehört, wenngleich der italienische Wortschatz nur für solch einen kurzen Gruß ausreicht.

Man merkt es gleich, diese Leute im Hotel gehören nicht zur Verwandtschaft oder sind gar Angehörige der momentan schutzgeldkassierenden Familie. Es sind stinknormale Spaghettiesser auf der Suche nach Heimat und Anerkennung. Der Padrone liebt sie, weil sie noch nie die matschige Pizza oder den verkohlten Branzino reklamiert oder gar nach der Weinkarte gefragt haben.

Wer kennt nicht die Spielregeln bei "da Gino" oder "Bella Napoli"? Darf man die Weinkarte verlangen, oder ist man dann bereits im Verschiß, streßt ohne Not den Wirt, der womöglich einen Stuhl besorgen müßte, um die gut chambrierten Raritäten von den Deckenregalen zu greifen. Wer einen Italiener zu solchen Leibesübungen antreibt, der wird sich nimmer zum Freund des Hauses hochessen und -trinken können, auch wenn er die anderen Nudelmampfer lautstark an seinen italienischen Sprachfortschritten teilnehmen läßt. Wunderlicherweise darf der Italokulinariker ein wichtiges Wort nicht anwenden. "Bere", trinken also. "Pino gritschoh" genügt. "Vino rosso" oder "bianco" erübrigen sich, da der Padrone in der Regel des Deutschen soweit mächtig ist und sowieso keinen Widerspruch duldet, wenn er bester Laune, aber gnadenlos, seine eigens von der Verwandtschaft importierten "Waiss odrr Rott" befiehlt. Manchmal sagt er auch "Rosso odrr Bianco". Ins Heimatgenre wird gerne gewechselt, wenn Kenner am Tisch sitzen, die man über die Herkunft des Traubensafts hinwegromantisieren muß. Nicht selten ist es die Drei-Liter-Bombe vom Edeka-Wirtemarkt.

Leider allzuoft werden dazu Nudeln gereicht, die schon einige Zeit vorgekocht im Wassereimer dümpelten. So etwas kann nicht mehr als "al dente" serviert werden, darüber gibt es selbst unter deutschen Provinzlern keine Diskussion. Alle wissen es, nur der Padrone sperrt sich.

Es ist ein Dilemma. Versucht man, dem schon bei der Bestellung entgegenzutreten, ist man schnell um die Erfahrung reicher, daß man einem Italiener alles an den Kopf werfen kann, nur nicht den Küchenhinweis "al dente". Da kennt er sich aus, der Silvo oder Angelo, und läßt sich nicht dreinreden. Denn italienische Nudeln sind immer "al dente", und der Gast hat sich zu fügen, ganz gleich was kommt.

Irgendwann ist schließlich auch der Trattoriawirt mit seiner Geduld am Ende, muß er doch nach fast jedem Menü den Zurufen nach "Cappucino per favore" nachkommen, welcher nicht nur umständlich zu produzieren, sondern ein ausschließliches Morgengetränk ist.

Da wundert es nicht, daß ein gelernter italienischer Koch sich in der Heimat wohler fühlt als hierzulande. Die Biographie unserer Pizzawirte fußt zwar meist auf solider handwerklicher Basis, verläuft aber häufig vom Maurer oder Gipser bis hin zum Pizzateigrührer. Wer vom Mörtel die Nase voll hat oder wessen Mauern in Azzurrogefilden nichts taugten, der wandert nach Deutschland aus und rührt statt im Sand dann im Mehl. Gewiß sind nicht alle so, deshalb sind gute Italorestaurants in Deutschland wesentlich seltener als die tumbe Germanenschar glaubt, der es meist bloß um die billige Pizza geht, die sie so haben will, wie sie am Strand von Rimini oder Jesolo gehandelt wird.

Denn dort an den Gestaden haben die sonnenverbrannten Teutonen ihr vernudeltes Hirn mit dem Blamagewortschatz gefüllt, der dem Trattoriapersonal zu einer Überlegenheit verhilft, die ihm den deutschen Gast erträglicher werden läßt:
ancora (wurde nur bei Fortgeschrittenen vernommen)
Antipasti
Buon giorno (Bontschorrno)
Buona notte
Ciao (um Stuttgart auch Tschaule)
Come sta
Grazie (ist alle fünf Minuten fällig)
Olio
Pasta
Per favore
Pizza
Porco dio (attenzione!)
Prego
Presto (Vorsicht, nicht zu oft)
Questo?
Risotto (kann der Wirt nicht leiden, macht zuviel Arbeit)
Vino
Voglianio.
Fast hätten wir noch was vergessen, der Wirt allerdings nicht: "pagare", ist ganz wichtig und wenn "il conto" am Tisch ist, spätestens dann wissen wir, warum der Wirt so fröhlich ist.

Essen ohne Wirt

Eines der letzten Abenteuer unseres zentraleuropäischen Daseins ist der Gaststättenbesuch. Trotz aller Absicherung durch gute Tips von Freunden, die gastronomische Kriegsberichterstattung einschlägiger Journalisten: Man weiß letztlich nie, was einen erwartet. Da kann man verstehen, daß der voll abgesicherte Bausparer erst gar keine Kneipe betritt. Andererseits macht nur das Risiko das Leben spannend.

Wahrscheinlich sind deshalb McDonalds und ähnliche Schling-Würg-und-Weiter-Restaurants so langweilig und nur mit ordentlichem Hunger verkraftbar. Jedenfalls weiß man dort, was einen erwartet. Man ist auf der sicheren Seite, während preiswerte treudeutsche Gasthäuser oft eine zweifelhafte Alternative bieten. Da wäre der Kinderteller zu nennen, der beim kulinarischen Nachwuchs ähnliche Verwüstungen anrichtet wie die Junkfood-Kioske. Die Normalgastronomie mit all ihren Pommes frites sollte sich besser verschämt in Schweigen ergehen als mit zürnendem Finger und Wehgeschrei auf die "Fastfoodler" zeigen. Die Verführung zur kulinarischen Unkultur erreicht uns von Kindesbeinen an von allen Seiten. Wer sich einen Hamburger verkneift und sich in einer Metzgerei geduldig um einen LKW anstellt, den berühmten Leberkäswecken, der muß Glück haben, daß die Ikone der Vesperzeit nicht mit steinalten Brötchen umhüllt ist.

Gewiß, beim Fastfood ist das nicht viel anders, die Brötchen sind auch steinalt, aber wundersam wieder zum Leben erweckt, mit bewunderungswürdiger Logistik. In der Schnellgastronomie wird mehr Gehirnschmalz investiert als in anderen kulinarischen Gefilden. Der Chicken McNugget wurde als neues Gericht in Minutenschnelle kreiert, bis aber das perfekt durchkonstruierte Produkt geschaffen war, vergingen zwei Jahre der Entwicklung. Das Ergebnis: Eine perfekt designte Speise, die sich vom Huhn so weit entfernte, daß man damit sogar Vegetarier verführen könnte.

Die moderne Welt will genormt sein, was der auch meist konformistischen Bevölkerung Beruhigung verschafft. Fastfood ist immer sortenrein, und alle berühmten Hamburgerfirmen sind weltweit qualitätsidentisch.

Am Verkaufstresen sind auf Leuchtplakaten die Preise selbst von Sehschwachen zu erkennen, und ein farbiges Foto kündigt genau das an, was über den Tresen geschoben wird. Obendrein geht alles flink. Das ist gewiß nicht jedermanns Geschmack, und ohne Bedenken könnte man dies alles in Bausch und Bogen verdammen, wenn nicht dem sonst üblichen Geunke ums Fastfood ein Millionenheer notorischer Anhänger gegenüberstünde, das sich dermaßen schnell vermehrt, daß

alle paar Minuten irgendwo auf der Welt ein neues McDonalds-Restaurant eröffnet wird. “Eine Million Fliegen können nicht irren”, lobte sich einmal der berühmte Misthaufen. Wahr ist aber auch, daß der Verstand nicht immer bei der Mehrheit ist.
Aber wie weit ist der Junkfood-Süchtige für sein kulinarisches Krankheitsbild verantwortlich, wenn er von Kindestagen an mit ungeheurem Werbeaufwand bombardiert wurde? “Ein Kind, das unsere Fernsehwerbung mag und seine Großeltern mit in ein McDonalds nimmt, das bringt uns zwei neue Kunden”, sagte Ray Kroc, Gründer der größten Hamburger-Kette der Welt. McDonalds schreckt in den USA nicht einmal vor Schulen zurück, dort werden Werbezettel mit beruhigenden Halbwahrheiten zum Thema Umwelt, Wirtschaftskunde und Ernährung verteilt. In Deutschland werden Gutscheine als Gewinne vergeben, wenn die Deutsche Verkehrswacht ein Quiz zur Verkehrssicherheit veranstaltet. Sport, der ursprünglich im Dienste der Gesundheit stand, ist von Fastfood-Werbung völlig unterwandert.
Dem Werbeaufwand stehen viele machtlos gegenüber. Ist Fastfood ein Fall für die Krankenkassen? Weit davon sind wir nicht mehr weg, wenn man all die blassen pickligen Kids ansieht, die in den Bullettenbratereien herumhängen, sich womöglich ihre Gedärme ruinieren, auf alle Fälle aber Unmengen von Kalorien reinhauen und womöglich irgendwann einmal teuer therapiert werden müssen. Gewiß, in einem freien Land kann man machen was man will, aber die Freiheit ist ein bißchen ungleich verteilt, wenn die einen profitieren auf Kosten der Solidargemeinschaft bis hin zum Abfall, dessen Kosten alle tragen müssen.
Heute habe ich meinen philanthropischen Tag, und ich räume daher ein, daß, wer schlecht ißt, nicht unbedingt ein schlechter Mensch sein muß. Gleichwohl rate ich sicherheitshalber zu gutem Essen. Man muß die Kraft aufbringen, zu wählen – das ist ein Stück Freiheit. Das macht den Individualisten aus, der in unserer Republik schon immer schlecht im Ansehen stand. Fastfood hat vielleicht seine Berechtigung, bei aller Kritik an dieser Branche mit ihren ökologisch fragwürdigen Praktiken. Fastfood ließe sich vielleicht auch aus einheimischen Zutaten komponieren. Nie aber wird ein gutes Essen, am Tisch genossen mit Freude

und Andacht und Demut der Natur gegenüber, durch Schnellfraß zu ersetzen sein. Gutes Essen muß nicht unbedingt teuer sein, erfordert aber etwas Hirnschmalz und entschiedenen Willen.

In der Küche mit Renate

Essenseinladungen kann ich nicht leiden, denn damit befällt mich am freien Tag dasselbe Thema wie werktags. Eines Nachmittags aber war es dann trotzdem wieder soweit. Ich stand in der Küche, dem schönsten Platz der Welt, jedenfalls nach Auffassung des einladenden Hausherrn, den gemeinsam mit seiner Frau eine fanatische Kochleidenschaft umtrieb. Das Haus war groß, um nicht zu sagen riesig, das Zimmer nicht minder, der Tisch war mit herbstlichen Dahlien geschmückt, und das sterlingsilberne Tafelgerät reflektierte die Strahlen der sinkenden Sonne auf schwerem Mobiliar. Auf dem glattgebügelten Tischtuch waren rechts die Messer brav ausgerichtet, links die altmodischen Gabeln und dazwischen gefältelte Servietten im Schmetterlingslook. Die Zeichen der Gastfreundschaft standen auf erhaben.

So weitläufig der Park ums Haus, die Wohnlandschaft und die Flure, so putzig war die Küche. Gastgeberin und Hausherr hatten draußen vor dem 'Küchenkäfig' ein aufgeschlagenes Buch, das über der Anrichte hing, als spräche es vom kulinarischen Altar die Botschaft: "Nun kocht mal schön, aber macht mich nicht schmutzig." Bei näherem Hinschauen erkannte ich auf bunten Bildchen die sanften Hügel meiner schwäbischen Heimat. In der Tat, es war das Klink'sche Kochbuch von anno Neunundachtzig. Für mich eine Antiquität aus längst vergessenen Zeiten, denn die Mutter der Kreativität ist schließlich die Vergeßlichkeit. Anderen Berufsköchen mag es anders gehen, aber für mich ist Kochen immer dann ein Waterloo, wenn es nicht frei drauflosgeht, sondern wenn es ein ganz bestimmtes Rezept zu deklinieren gilt. Versteht sich, daß ich nie einen ordentlichen Kuchen aus dem Ofen holte und auch nie dem legendären Kienle-Kochbuch folgen wollte.

So schmalbrüstig die Küche, desto reizender aber war die Dame des Hauses. Renate war mehr als eine angenehme Person, und wir vertrugen uns besser als der 'Haushuber' ahnte. So geriet die Kocherei, die

Renate staunt.

von weitem an einen Ringkampf erinnern mochte, zeitweilig zu einer Übung von rabelais'schem Frohsinn. Der Hausherr hechtete zwischen Tischlein-deck-dich, Weinkeller und Kräutergarten hin und her. Auch wir waren immer wieder an der Türe, nicht nur wegen der frischen Luft. Renate kämpfte um Werktreue, auf daß der Waller mit Lorbeer gebraten, exakt dem Buch folgend in die Pfanne käme. Ein einzigesmal hatte sie es mit 'Freestyle' probiert, den Fisch dabei völlig verbrutzelt und die Sauce, ja, mit leichtem Erröten gestand sie es, erinnerte eher an klumpigen Frischkäse. Ich murmelte interesselos eine vage Diagnose dergestalt, daß irgend etwas geronnen sein mußte. Im Moment war ich mehr auf ihre roten Wangen fixiert, die ich als Begeisterungshochdruck ob meiner Anwesenheit deutete.

Da steck ich in der Küche wie ein Korken in der Flasche, und jenseits aller Fluchtmöglichkeiten werkelt die glückliche Renate. Der Dunst wurde immer dicker, die Mühen glichen unüberwindlichen Gebirgen, mich umwehte, rein kochmäßig, zunehmend der schiere Fatalismus. Jedoch war Renate eine äußerst reizvolle Sekundantin. Ab und an kam ich ihrem Busen in die Quere. Wunderbar. Selbst angesichts eines Fischgerichts zog drängend Fleischeslust durchs Gemüt. Ich war froh um meine Jeans, die eng und diskret alles so sein ließen, daß ich als ordentlicher Besuch durchgehen konnte. Das nenne ich ein Zwischenhoch im ansonsten fad abgeschmeckten Alltag des Kochs.

Der Waller also ist dann endlich in der Pfanne, die Dunstabzugshaube inhaliert mühsam, saugt und pfeift, ohne mir die Perlen von der Stirn zu trocknen. Kartoffeln dümpeln in kochendem Wasser, der Saucenfond ist nach häufigem Abschmecken noch längst kein Highlight. Irgendwann einmal bin ich von den ganzen Schusseleien, dem Kampf ohne eingespielte Beiköche, ohne professionelles Gerät, rechtschaffen genervt. Ach, hätten die Leute sich doch ein Brot geschmiert und eine kühle Flasche geköpft. Selbst mit der reizenden Renate, angenehm mit ihr zwischen Herd und Schneidebrett geklemmt – es war kein frohes Aufkochen.

Nichts gegen meine Gastgeber, aber um so mehr gegen die umständlichen Beilagen, die in meinem Kochbuch aufgeführt waren. War das wirklich von mir? So war das nicht geplant und schon gar nicht, daß ich es auch unter Frontbedingungen selbst kochen sollte.

Gemeinsames Kochen kann auch trennen. Letztlich gibt es keine Liebe in der Küche, kein feinsinniges Entwerfen von Kreationen. Kochen ist Krieg, verdammt nochmal. Erst recht am freien Tag: "Wo ist der Schneebesen, das Spitzsieb, habt ihr eine Pfeffermühle, hier im Rezept wird Sherry angegeben, her damit, bevor alles ankokelt, nicht umsonst heißt's ablöschen!" Der Hausherr trabt brav in den Weinkeller. Renate hat nun das Buch fest in der Hand und kämpft mit den falschen Angaben zum Spinatauflauf. Meine Güte! Spinatauflauf, diese Reliquie der Nouvelle-Cuisine-Endzeit: Wie sie in mein Buch gelangte, ist mir völlig schleierhaft. Wenn ich darüber examiniert würde, müßte ich mit frecher Stirn meinen Lektor denunzieren.

Der Ehemann, vom Keller zurück, hat nun endlich auch Farbe angenommen, aber in seinem Flaschenkörbchen ist nichts. "Vince, ich kann keinen Sherry in den Regalen entdecken." Männer auf verlorenem Posten, auch er besiegt. Ein solch formidables Haus mit Baumgrundstück, und *keinen Sherry,* fast wäre ich dazu übergegangen, ihm den gequälten Verlauf des Abends in die Schuhe zu schieben. Mit hochrotem Schädel sag ich ganz leise und feingetaktet: "Bring Martini trocken!" Fast hätte ich ihm noch "dalli" zugerufen, denn der Fisch ist bereits in einem Daseinszustand jenseits der Delikatesse, und ich sorge mich zunehmend um plausible Ausreden angesichts des drohenden Desasters. Ist der Herd schuld? Oh ja, er summt mit seltsam modernem Turboantrieb und rotglühenden Elmsfeuern unter der Keramikplatte.

Dann ist es soweit, ich kühle mir am Küchenausguß das Gesicht im fließenden Wasser, trockne und fächle mich einigermaßen tafelgerecht, sitze dann am Tisch. Es schmeckt doch einigermaßen, und immerhin, die Sauce ist nicht geronnen. Renate strahlt glücklich, derweil ich mit der Melancholie des ungewissen Sieges ringe. Mir bleibt nur noch, den Wein in tiefen Zügen den Schlund hinunterzubefördern. Das hilft, schafft Versöhnung mit sich und der Welt und gourmetwütigen Gastgebern.

3.

Der Mönch hat recht

Vom tieferen Sinn

Der Mönch hat recht, ausnahmsweise / Pomp oder nicht Pomp? / Offener Brief an meinen Lieblingswirt / Die Gier als Metapher: Zu Tisch mit Madame Bovary / Lichte Teestunde

Der Mönch hat recht, ausnahmsweise

Francoise Rabelais wurde 1494 in der Touraine geboren. In dieser Zeit schieden sich die Erdenbürger in zwei Gruppen. Die einen waren adelig, die anderen nicht. Gehörte man zu letzteren, so blieb nur die Möglichkeit, dem Klerus beizutreten, um sich ein einigermaßen angenehmes Leben zu bereiten. Diese Möglichkeit nutzte Rabelais, er studierte fleißig, wurde Mönch, Arzt, ein vielseitiger Gelehrter und heiterer Lebenskünstler – und schoß so prompt in jugendlichem Übereifer ins klerikale Abseits, indem er einige Nonnen in Kindsnöte brachte. Auch machte er keine großen Unterschiede zwischen Durst nach Leben und Durst nach einem Schluck guten Weines. Er verhielt sich etwa so, wie der Philosoph Friedrich Nietzsche sich die fröhliche Wissenschaft vorstellte, bei der der Ernst als Widersacher des Genusses galt. Der Dichter Hermann Hesse lobte Rabelais als Zotenreißer, gottlosen Spötter, grotesken Dreckapotheker, und Hesse fügte an: "Es bleibe dennoch wahr, daß niemals ein Dichter kraftvoller und trunkener das Leben gepriesen und geliebt habe als dieser schlimme Rabelais".

Eben dieser Rabelais hat ein ganz besonderes Ragout gekocht, ein Buch mit dem Titel "Gargantua und Pantagruel". Ein schwer verdauliches Fricassée von 1500 Seiten, an dem der Dichter sein ganzes Leben lang zu arbeiten hatte. Die lange Geschichte beschreibt die merkwürdigen Abenteuer der beiden Riesen Gargantua und Pantagruel.

Der politische, soziale, religiöse und wissenschaftliche Aufbruch der französischen Renaissance bildet den Hintergrund des Romans, in dem die wundersame Geburt der beiden Riesen geschildert wird, die Waffentaten und Streiche der beiden Riesenbabies, die mit Wein gesäugt werden und die ersten Jahre ihres Lebens abwechselnd mit essen, trinken und schlafen, vor allem aber mit trinken verbringen.

Es tauchen erzieherische Probleme auf. Durch den Lateinunterricht wird Gargantua so blöde, daß ihn der enttäuschte Vater zum Studium nach Paris schickt. Zwischen den üppigen, dem Riesenbauch Gargantuas angemessenen Mahlzeiten bleibt indes nur wenig Zeit für den Besuch der von Rabelais verspotteten Sorbonne.

So studierte Gargantua pro Tag eine schwache halbe Stunde, die Augen starr aufs Buch geheftet, aber seine Seele war, wie der Komödiendichter sagt, in der Küche.

Im Vorwort des Buches wird bereits gewarnt, man möge sich beim Lesen an die Devise Pantagruels halten, alles von der besten Seite zu nehmen: Das unmäßige Fressen und Saufen, den Klosterhumor, den Naturalismus der Genitalien und die, die von jenem handeln.

Die Franzosen besitzen kein volkstümlicheres Buch, in dem dem unverbogenen, urwüchsigen, gesunden Menschenverstand und dem prallen Leben gehuldigt wird, ein Vademecum für alle erlauchten Zecher, alle Schnapshälse und Tellerlecker, Küchenrüpel, Gichtknoten, Paschas und Gastromuftis. Unser Land der Dichter und Denker hat dergleichen nicht hervorgebracht, aber gern wollen wir das lustvolle linksrheinische Literaturerbe ins europäische Haus der Genüsse übernehmen.

Pomp oder nicht Pomp?

Beim Kochen genügt es nicht mehr, unreflektiert für Genüsse zu sorgen. Auch ein Koch lebt nicht mehr ausschließlich in kulinarischen Elysien. Küchen sind vielleicht die letzten Inseln der Friedfertigkeit inmitten unserer Lärm-, Gift- und Abgasgesellschaft. Dabei ist Nostal-

gie nicht das Rezept. Doch wo liegt die Zukunft der Bewirtung? Und was ist ihr tieferer Sinn?
Das alte Restaurant hat ausgedient. Zugegeben, das ist aus den Hitlisten der Restauranttester nicht zu entnehmen. Festzustellen ist aber, daß in jüngerer Zeit drei Totalausfälle von anerkannten Spitzenbetrieben die Restaurantführer, kaum merklich, schmäler werden lassen. Ist dies zu betrauern, zu beklagen? Wo geht die Reise hin? Nichts gegen die Tradition, doch die Tempel des rückwärts gewandten Zeitgeists haben ausgedient. Warum erwartet man vom Koch den Nostalgie-Erfüllungsgehilfen? Warum soll er Leute versorgen, die sich mit Pomp, wenn auch nur für kurz bemessene Zeit, und in absolutistischer Manier als König fühlen wollen? Warum wird in neugebauten Restaurants immer noch "viel Holz" verlangt? Oft reicht das noch nicht, oft muß Schwerstkitsch noch obendrauf gepackt werden. Sogar der Gastronomiejournalismus favorisiert Ausflugsmöglichkeiten in neobarockes Ambiente. Vor allem in Frankreich erscheinen die Zwei-Drei-Sterne-Tempel oft wie polstermöblierte Psycho-Prothesen für Kleinbürger, die offensichtlich in der modernen Welt noch nicht recht angekommen sind. Der Bürger will als Edelmann sich fühlen. Dabei forderte selbst der Adel schon vor über hundertfünfzig Jahren, daß der Wein aus den Klauen der Lakaien befreit werden solle. Auch wurde schon vom "Gastrosophen" des postrevolutionären Frankreich, Jean Anthèlme Brillat-Savarin, geklagt, daß die servierenden Diener nicht mehr an den Gästetafeln Hochposten bezögen. Der Belagerungszustand der Kellner in feinen Restaurants kann nur als rückwärtsgerichtete Servilität angesehen werden. Aus diesem Grund steht der Kellnerberuf auch nicht in hohem Ansehen. Wer will heute noch Kratzfüße machen und, wie in einigen real existierenden Gourmetoperetten zu erleben, die Klientel bis zur Toilette dienern. Geschmackloserweise werden nach der Rückkehr zum Tisch frische Servietten gereicht. Hält man Restaurantkunden für so stinkefingerig? Solchermaßen unter Schmutzverdacht, pfeift man als Gast doch darauf, wie ein König behandelt zu werden.
Wo die Regeln freier Marktwirtschaft noch gelten, in Betrieben ohne Sponsoren, die noch einigermaßen Gewinn erwirtschaften, müßte der

ganze Popanz gut und gerne fünf- bis sechshundert Mark pro Person kosten. Die kulinarische Ware, das Essen, um das es eigentlich geht, gerät dabei zur Marginalie und verursacht noch die wenigsten Kosten. In Paris und in den Pilgerstätten der französischen Provinz reichen die Touristen gerade aus, um das Rad der Hochgastronomie in Gang zu halten. Viele Zweisternerestaurants haben sich allerdings an ihrem pompösen Dekor finanziell fast übernommen. Ihnen bleibt nichts als die Flucht nach vorn, um aus dem defizitären Zweisternebereich hinauf zum rettenden dritten Michelinpunkt zu gelangen. Bei drei Sternen dann geben sich vorwiegend die eitelsten Faune unter den Kunden ein Stelldichein, und sie zahlen jeden Preis.

In Deutschland ist das anders, denn von solchen Gourmetfreaks gibt es zu wenig. Sie sind womöglich auf Toskanatherapie oder laben sich an den französischen Fleischtöpfen. Korrekte Erträge werden hierzulande mit mehreren Michelinsternen kaum erkocht. Da ist's vielleicht sogar ein Geschenk des französischen Chauvinismus, daß beim Sternenregen Deutschland begrenzten Quoten unterliegt und von der Konzernmutter in Paris dirigiert wird.

Über der deutschen Zwei-Drei-Sterne-Gastronomie liegt ein Hautgout. Der Leser kann das selbst überprüfen: Man mache den spaßigen Versuch und suche bei Banken um einen Kredit zur Gründung eines Feinschmeckerlokals nach. Der Mann hinterm Banktresen wird verdorren, bevor er richtig vernommen hat, daß sich da eine begeisterte Feinzunge in Spitzenküche versuchen will. Noch vor kurzem sprach man von Krise, mit entsprechenden Insolvenzen. Man hat sich daran gewöhnt, und man wird sich auch daran gewöhnen, daß zukünftig noch wesentlich mehr Pleiten angesagt sind. Von der Kundschaft ist Rettung nicht zu erwarten. Die Gastronomie ist mit den Preisen am Ende der Fahnenstange angekommen. Mehr wird nicht gezahlt, wir leben ja nicht in Paris. Dabei hatte die Gastronomie vor Jahren fast die gleichen Preise wie heute. Dessen ungeachtet sind alle anderen Kosten dramatisch gestiegen. Auch wird die Anzahl der Gourmets nicht steigen, es ist im Gegenteil zu hoffen, daß das kleine Häuflein nicht noch schrumpft. Das Gästeverhalten ändert sich, die Leute gehen öfters aus und sind

nicht mehr darauf abonniert, einmal im Monat die große Gastronomieoper zu genießen.
Gleichwohl haben die Feinschmecker Deutschlands durchaus Sinn für Qualität. Die Offenheit für Neues ist hierzulande sogar viel größer als bei Franzosen und Italienern. So hat ein deutsches Leckermaul durchaus auch Anspruch, für teuer bezahltes Geld in den siebten 'Trompe-l'oeil-Himmel entführt zu werden. Daneben sollte es aber auch einfach gute Restaurants in zeitgemäßem Outfit geben. Oder Lokale mit alter Substanz und traditionellen Gerichten. Völlig entbehrlich nämlich ist die Jakobsmuschel in den bayerischen Voralpen.

Offener Brief an meinen Lieblingswirt

Lieber Hans,
der Deutsche steht im Ruf, ein Brutalo zu sein, als Autofahrer ein Rowdy. Doch bei Tisch ist die Mehrheit von sanftem Gemüt. Pauschal gesagt: Harte Fäuste, weiches Gebiß. Die Deutschen wollen es 'soft'. Mousses, Schaumsößchen, Samtsuppen, zarte Salate, möglichst aus Holland, damit uns kein Läuslein erschreckt. Der Bürger als Edelmann liebt es geschmeidig und matschig. Gegen Monatsende, wenn sich das Konto selbst gefressen hat, dann bilden die Basis die mehligen Pommes, die wattigen Hamburger.
Da ist es kein Wunder, daß auch der schwäbische Rostbraten auf der Zunge schmelzen soll. Zartheit ist allerorten das Maß für Qualität. Wie kam es dazu? In Argentinien wird das Tier geschlachtet, dann noch körperwarm vakuumiert, damit kein Flüssigkeitsverlust das Verkaufsgewicht verringert. Und so geht das Steakfleisch auf die lange Reise, leicht angefroren, denn es soll in den Zollpapieren als billige Tiefkühlware durchgehen und doch so weit angetaut sein, daß es bei der Einfuhr als Frischware einen höheren Preis erzielt. Fleischberge fermentieren so in den Bäuchen großer Schiffe oder auf den Pritschen von Großlastern, die das Fleisch rund um Europa karren, um an den Grenzen womöglich noch Subventionen einladen zu können. Für die Tiere ist es ein Glück, daß sie schon tot sind und nicht lebendig am Horrortourismus teilnehmen müssen. Was aus nähergelegenen Ländern auf den deutschen

Tisch kommt, ist ein halbvergorenes, in Vakuumbeuteln säuerndes Anonym, mit dem offensichtlich viele zufrieden sind, nur weil es so zart ist. Die Fleischreifung dauert vierzehn Tage. Die Lobby sorgt dafür, daß auf der Verpackung kein Schlachtdatum vermerkt ist. Ein fälschungssicherer Brandstempel würde den Großteil des in Deutschland verzehrten Fleischs als zwei bis drei Monate alten Methusalemschrott identifizieren, als eine von Milchsäurebakterien vorverdaute Scheußlichkeit. Ein Rostbraten ist im Mund immer zäher als er hinten rauskommt. Man hat sich an das saure Fleisch bereits so gewöhnt, daß es von den meisten Gästen hingenommen wird. Wenn's zu schlimm stinkt, dann muß ordentlich Pfeffer drauf. Wahrscheinlich wurde so das Pfeffersteak erfunden. Wie damals in Indien die Currys so lange mit scharfen Gewürzen aufgepeppt wurden, bis der mangels Kühlmöglichkeiten allseits dräuende "Hautgout" niedergerungen war. Leicht vorzustellen, daß Karl der Große infolge halbverwesten Essens täglich bis zu achtzig (80) Muskatnüsse auf die Zunge rieb! Aber nicht nur der Geschmack ist ein Kriterium. Der Wunsch nach Zartheit hat zu Mißbrauch mit Hormonen geführt, hat zu artifizieller Fütterung animiert. Und so sind wir nicht nur mit ausländischem Schnellmastfleisch konfrontiert, auch mit ausländischen Rassen, die auf deutsche Weiden die englische BSE-Krankheit importierten. Waren bislang die englischen Fleischrassen wie Black Angus oder Hereford die Stars des Fleischhandels, so wendet sich nun alles wieder unseren deutschen Schwarz- und Rotbunten Rindern zu.

Wir sind uns einig: Der Rostbraten sollte nach Fleisch schmecken, und wir sollten unsere Kunden wieder auf den Weg des Wohlgeschmacks führen. Soll sich die restliche Welt mit Rinderwahnsinn im Kreise drehen, unsere Kundschaft muß überleben, damit wir leben können.

Der Rostbraten hat immer seine Fettränder, die wegschneiden kann, wer's nicht mag. Es gibt viele, die das krustige Fett mögen. Denen sollten wir nicht pauschal entziehen, was einige Fettneurotiker ablehnen, die der Gehirnwäsche der Margarine- und Cholesterinlobby erlegen sind.

Salzen soll man ihn und mit etwas schwarzem, grobem Pfeffer bestreuen. Der Rostbraten wird geklopft wie ein Schnitzel. Die Oberfläche vergrößert sich. Es entsteht der Röstgeschmack mit breiter Intensität. Das

alles hat mit dem rechteckigen Brocken eines Rumpsteaks nichts zu tun. Von beiden Seiten soll er jeweils zehn Sekunden heiß und scharf braten. In der Pfanne schmilzt beim Anbraten ein wenig Fett und gibt dem Gericht den typischen Geschmack. Er kommt mehr vom Fett als vom Fleisch. Dann geben wir die letzten paar Sekunden vorgebratene Zwiebeln dazu, wirbeln alles herum und befördern ein schwäbisches Spitzenprodukt ohne Umwege auf den Teller.
"Was ist mit der Farbe los", fragte Francis Ford Coppola in leichter Panik, als er einen Wim-Wenders-Film sah, schlicht in schwarz-weiß. So könnte man fragen, wo beim Rostbraten die Sauce herkommt? Wenn man's genau nimmt, so gibt es keine, der austretende Bratensaft hat Intensität genug. Doch die Leute wollen es im braunen Bad. Die Sauce schwappte erst über die Teller, als die Knorrvertreter massiv in die ländlichen Idyllen der Dorfgasthöfe einbrachen. Ich habe den Verdacht, daß die riesigen Soßenschapfer nur deshalb zur Unsitte wurden, um die gewaltigen Klumpen Spätzle leichter die Gurgel hinunterbefördern zu können. Sollen sie dran ersticken und rote Hochdruckschädel durch die Welt tragen, diese Teutonen, Barbaren oder "Boches". Egal wie weit sie reisen, man soll sie von weitem schon erkennen.
Liebe Grüße bis zum nächsten Stammtisch

Die Gier als Metapher: Zu Tisch mit Madame Bovary

Als Madame Bovary eisgekühlten Champagner trinkt, rieselt ihr ein Schauer über die Haut, der nicht frei von Wollust ist. Noch einmal wird sie bei der Nahrungsaufnahme gezeigt, als sie mit halbgeschlossenen Augen ein Maraschino-Eis aus einer Muschelschale genießt. Jetzt ist die erotische Anspielung, die über die Muschel vermittelt wird, ganz offensichtlich. Wegen einer gewissen äußeren Ähnlichkeit zwischen Muschel und weiblichem Genital versteht die psychoanalytische Traumdeutung dieses als weibliches Statussymbol. Als Léon Emma beim Wiedersehen im Theater von Rouen vorschlägt, miteinander ein Eis essen zu gehen, leitet diese 'Süße Gemeinsamkeit' Emmas Verhältnis mit ihm ein. In ihren verliebten 'dînettes' mit Léon versucht Madame Bovary, den gehobenen Lebensstil der Schloßbewohner zu kopieren und sich den Aufstieg in diese Gesellschaftsschicht zu suggerieren. Von der Elite der Gäste auf dem Schloß heißt es, "sie besäßen den Teint des Reichtums, den nur eine unauffällige Auswahl erlesener Speisen so tadellos rein erhalten könne." So zeigt sich auch hier, daß man ist, was man ißt, wobei das Eis auf einen besonderen Charakterzug Madame Bovarys anspielt. Auch als Emma von der relativ festen Nahrung zu Flüssigem wechselt, kann dies als Persönlichkeitswandlung gedeutet werden, als Verflüssigung. Sie nimmt in dem Maße zu, wie die Realisation ihrer Träume unmöglich wird. In der Tat besteht ein Assoziationszusammenhang zwischen Flüssigkeit, Süße und der Sphäre von Liebe und Erotik: Madama Bovary verflüchtigt sich gewissermaßen in den romantischen Dunst wie schmelzendes Eis. Zum ersten Mal erlebt sie Sinnlichkeit beim Champagnertrinken auf Vaubyessard, und diese Situation überträgt sie auf die 'dînettes' mit Léon, indem sie mit ihm Champagner trinkt.

Die 'dînettes' vor dem Kamin, der als wärmendes Symbol dient, bilden den Gegenpol zu den Mahlzeiten mit Charles. Emma spürt aber desto weniger, je mehr sie begehrt, und so endet die Dialektik des Appetits leider in einem Geständnis der Ohnmacht. Sowohl Gier als auch Autoaggression sind in dem Akt der Selbstvergiftung enthalten. Eine selbstzerstörerische Neidung des Mundes, der Öffnung zur Außenwelt, ist von Anfang an bei Emma deutlich angelegt, denn bereits vor Eintritt in die Handlung hat sie die Angewohnheit, wenn sie schweigt, ihre Lippen zu nagen und zu beißen.

In der Nahrungsaufnahme der romantischen Idealistin drückt sich der Widerwille gegen ein bloß aufs Geld, bloß aufs Materielle gerichteten und also banalen Lebens aus. Die Ablehnung des Materiellen, des Essens, gipfelt in der Selbstvergiftung. Die Existenz geht gegen Null, in verschiedenen Stadien, die den Lebensekel in Form von Verdauungsbeschwerden reflektieren. So hat der Hunger bei Madame Bovary eine ganz neue Rolle bekommen, als Hunger nach einem ästhetisierten, sinnlichen Leben. Die Gier wird zur Metapher. In einer stabilen Standesgesellschaft mit Königen, Klerus, Militärs ist für Träume vom prallen, gefühlvollen Leben wahrlich nicht viel Platz. Je illusorischer die

Realisierung der Ideale wird, die sich an einer aufgeschlossenen Gesellschaftsschicht orientieren, um so mehr 'verflüssigt' sich eine Existenz im romantischen Dunst, wird Durst, Gier nach Halbflüssigem und schließlich Champagner. In der Monotonie ehelicher Tischgemeinschaft kann es ja auch nicht jeden Tag prickeln, manchmal steigert sich die Banalität eines kleinbürgerlichen Lebens ins Unerträgliche; umgekehrt muß man anerkennen, garantiert sie dem einfach strukturierten Menschen ein dauerhaftes kleines Glück.

Appetit zeugt von Bejahung eines Lebens, gesteigerter Appetit führt zu Körperfülle. Diese führt zu Gefühlen der Sattheit, aber auch zu Trägheit, zu selbstgefälliger Zufriedenheit des saturierten Kleinbürgers. Insofern ist der satte Körper der Feind alles Neuen und Fremden, da es unbequeme, Erkenntnis verheißende Dissonanzen auslöst. (Auch das schlechte Benehmen hat bei Flaubert übrigens seine tiefere Bedeutung – was ganz ohne Bovary-Schulung auch moderne Personalchefs wissen: Unappetitliche, nicht den Regeln entsprechende Tischmanieren verweisen sowohl auf die Peinlichkeiten des Körpers als auch auf den niederen sozialen Rang.) Flauberts Kritik richtet sich natürlich nicht gegen die Essenden schlechthin, sondern sie zielt auf ein Bürgertum, dessen Interessen bereits beim Essen aufhören.

Gustave Flauberts Zeit war gutem Essen und Trinken durchaus angetan. Der Dichter selbst kam allerdings über die provinziell geprägte Freßsucht nicht hinaus. Er hatte zwar nichts gegen eine gute Tafel einzuwenden, doch war er voll innerer Unruhe und von Arbeitszwängen gejagt, aß schnell und ohne den verfeinerten Stil, der sich zu dieser Zeit in den Pariser Restaurants etablierte. Dieserhalben mußte er sich auch einige Hänseleien aus seinem Bekanntenkreis aussetzen. Womöglich ist es gerade seiner kritischen Haltung gegenüber exquisitem Essen und Trinken zu verdanken, daß er die tiefere Bedeutung des Mahles erkannte. So war Flaubert kein Genießer, doch er eröffnete dem Genießer neue Perspektiven über die gesellschaftliche Funktion des Speisens.

P.S.: Einen großen Teil meiner oben angeführten Erkenntnisse verdanke ich einer Promotionsschrift. Der Verfasserin danke ich für erhellende Einsichten.

Opa hat sich zurückgezogen.

Lichte Teestunde

Nur sonntags gab es bei uns Kaffee, und obwohl er damals als Luxus galt, war er für heutige Verhältnisse recht dünn. Ich erinnere mich noch genau an die relativ durchsichtige Lösung, die mit Kathreiners Zichorie angereichert wurde, schwarze, talerartige Bröseltabletten in länglicher roter Rolle. Davon wurde ein Teil abgebrochen und in die Kaffeekanne befördert, dadurch verlor das Getränk seine unerwünschte Transparenz und war nicht mehr ganz so durchsichtig.

Unter der Woche gab es Tee. Unser Opa legte sich nach dem Mittagessen aufs Ohr, und wir Buben wurden oft zu gleichem zwangsverpflichtet, mußten trotz jugendlicher Hyperaktivität auch ins Bett. Opa war schließlich Denker und mußte es wissen. "Morgens ist der Geist am frischesten, deshalb halbiert den Tag, verschafft euch einen zweiten Morgen," dozierte er.

Doch schlichen wir Lausbuben bald wieder durchs Haus. Dessen Treppen waren stabil und gut gefügt, aber der Mittag hielt den Atem an. Totales Silentium. Wir kannten alle knarzenden Parkettdielen auswendig, und bei Fehltritten blieb uns vor Schreck der Schnaufer weg, so daß wir Mühe hatten, nicht tot umzufallen. Wehe, Opa wurde geweckt oder aber: Wehe, es war drei Uhr, und der Tee stand nicht auf dem Tisch. Für Oma, Agathe, die Haushälterin und den Hausherrn gab es jeweils eine Tasse. Sie wurde aus einer kleinen Kanne serviert, die einen silbernen Rand hatte und die ich heute noch hüte. Es war ein strenges Ritual, da Großvater nach seiner Promotion in London einige Zeit Hauslehrer war und von Dorothy, seiner Zimmerwirtin, in die englischen Regeln höherer Lebenskultur eingewiesen worden war.

Er trank ihn ohne Zucker, aber grundsätzlich mit Milch. Er bestand überdies darauf, daß zuerst die Milch in die Tasse kam und dann der Tee darüber gegossen wurde.

Opas Maß waren zwei Löffel, einen zuviel, wie er meinte, aber sie waren gut, um dem Getränk etwas Abkühlung zu geben, und so konnte er schneller in den Genuß kommen. Er brach sich einige Albertle, das waren ziemlich trockene, rechteckige Kekse, die er in kleinen Stücken zum Mund führte.

Die Teestunden dauerten längst nicht eine Stunde, sondern waren gemütlicher Übergang von der tranquilen Mittagsruhe zu erneutem Studium im Herrenzimmer. Vorbereitend examinierte der pensionierte Studiendirektor die Anwesenden in leichteren philosophischen Etüden. So war die Haushälterin Agathe eine ganz passable Elevin soliden Küchenlateins geworden. Oma scherte das alles nicht, so war sie in den Augen des Alten unrettbar dumm und hatte an der entferntesten Stelle ihren Tischplatz wahrscheinlich selbst gewählt, um etwas aus der Schußlinie ehelicher Dauerkritik zu sein.

Als Jungen langweilte es uns, die nachmittägliche Berieselung mit vorsokratischer Lebenshilfe. Doch Opa lud mit Stentorstimme die Lehren der Alten über uns ab als gälte es, alles Licht dieser Welt ins Dunkel des Wohnzimmers strahlen zu lassen. Auf dem riesigen Gemälde an der breiteren Seite des Raums, einer vortrefflichen Ribera-Kopie, beschäftigte sich ein Samariter mit dem schwächelnd hingegossenen Leib des sterbenden Christus. Mir ging es nicht viel besser, mußte ich doch als werdender Mann die Rituale abendländischer Teekultur durchstehen, und bevor Opa sich nicht erhob, hatte ich auf meinem Platz zu verharren. Es ging schließlich dem Ende zu, und das signalisierte Opa, indem er seine letzten Gebäckstückchen in der nahezu leeren Teetasse einweichte.

Anschließend erhob er sich und ging grußlos in sein Herrenzimmer, um an die Studien des Vormittags anzuknüpfen. Für uns war dort der Zutritt verboten, der Qualm durch die Scheibe der Schiebetüre so dicht, daß wir Kinder immer dachten, daß scharfes Denken viel Rauch macht.

4.

Die Stimme der Natur

Vom Lebendigen

Artischocken / Innereien / Der deutsche Edelkrebs / Der Fasan / Über Läuse

Artischocken

Dort, wo innere Winde, hervorgerufen durch Speis und Trank, den Körper nahezu unbewohnbar machten, an den langen Tafeln der Klöster und beladenen Tischen des alten Frankreich und nicht nur alten Italiens, dort sind magenstärkende Liköre und Bitter zuhause, und die kommen nur selten ohne die lindernde Wirkung von Artischockenextrakten aus. Artischocken werden nicht nur dem Feinschmecker feilgeboten, ein großer Teil wird vergoren, destilliert und ist so häufig die bewährte Basis für Kräuterliköre, Magentropfen und dergleichen. Die Artischocke hat wohltuende Wirkung auf die Leber. Die wesentlichen Inhaltsstoffe sind der Bitterstoff Cynarin, das Kohlehydrat Inulin, Calcium, Eisen, Provitamin A und das Vitamin B. Darüber hinaus schmeckt die Artischocke wunderbar. Dies ist fast schon sensationell, denn im allgemeinen ist ja oraler Lustgewinn selten zum Wohle der Gesundheit. Es gibt verschiedene Artischockensorten, die größten kommen aus Frankreich, so die bretonische 'Camus de Bretagne', die 'Camery' oder die 'Caribou'. Im Midi, dem Süden Frankreichs wachsen noch etliche kleinere Sorten.

Die oben genannten Artischocken bestehen zu großen Teilen aus Abfall, man ißt nur die weichen, fleischigen Teile der Blätter, indem man sie mit den Zähnen ausstreift und sich zum dicken "Boden" vorarbeitet. Bei den kleinen Sorten, die in Italien besonders beliebt sind, gibt es fünf Hauptsorten: die 'Catanese' mit den violetten Blättern, die kugelförmig geschlossene 'Romanesco', welche relativ frostempfindlich ist, die 'Castellamare' und die 'Spinoso Sardo', Violetto Sardo', die spitz auslaufende Blätter mit langen Stacheln hat. Die Stacheln weisen bei der Artischocke auf die Familienzugehörigkeit hin: sie gehört zu den Distelgewächsen. Im Orient und rund um das Mittelmeer beheimatet, kam sie alsbald nach Frankreich als eine Speise der Vornehmen und des Adels. Beim Einkauf erkennt man zu alte "Disteln" an den braun-trockenen Blätterspitzen, auch kann an der Schnittstelle des Stiels die Frische überprüft werden. Die großen bretonischen Sorten sind als abgekochte Früchte eine probate Vorspeise, die mit Sauce Hollandaise oder mit Vinaigrette auf den Tisch kommen. Die Böden können auch separat angerichtet werden, man kann sie füllen, sogar in Streifen schneiden und in Olivenöl kross braten. Alle Arten von Artischocken sind vielseitig zu verwenden und lassen sogar ausufernder Kreativität jede Menge Raum. Sie können zu Suppe verarbeitet werden, man kann sie panieren, überbacken, füllen und vieles andere mehr.

Nun zur Zubereitung: Die Spitzen werden mit einer Schere etwas abgeschnitten. Das muß nicht unbedingt sein, empfiehlt sich aber gerade dann, wenn die Enden schon etwas braun sind. Der Stiel wird eben am Ende des Bodens abgeschnitten. Es gibt viele umständliche Anweisungen, wie die Früchte gebunden und mit Bindfaden dressiert werden können. Für weniger wichtig halte ich, daß während dieser Arbeit bereits das Wasser auf dem Herd kochen muß, da Artischocken an den Schnittstellen schnell häßlich braun anlaufen. In älteren Rezepturen wird sogar empfohlen, sie mit Zitrone abzureiben und auch eine Zitrone in das Kochwasser zu geben. Wenn man sich beeilt, ist dies alles nicht nötig. Ich bin dagegen, mit Zitronen zu hantieren, denn sie verfälschen den Geschmack. Wenn die Artischocke nach dem Abschneiden des Stiels sofort ins heiße Wasser kommt, ist alles zum Besten. Ohne die Zitronen bekommen die Früchte auch eine lebhaftere grüne Farbe.

Die Artischocken wollen immer aus dem Wasser ragen. Den Topf also nicht mit einem Deckel verschließen, sonst nehmen sie eine aschgraue Farbe an. Man sollte deshalb einen kleineren Deckel auf die Artischocken legen, damit sie genügend untertauchen. Nach zwanzig Minuten kann man nachschauen und probehalber ein Blatt herausziehen. Gelingt es, und das Blättchen folgt uns willig, so nehmen wir mit dem Schaumlöffel die Früchte heraus, legen sie auf ein Tablett, geben ein feuchtes Tuch darüber und warten zwanzig Minuten, bis alles etwas ausgekühlt ist. Artischocken lassen sich gut vorbereiten, nur dürfen sie nicht völlig auskühlen, also sollte man sie möglichst nicht schon am Tag vorher zubereiten. So läßt sich der innere faserige Flaum, das Heu oder Stroh, das im Herzen der Früchte sitzt, sehr gut herauspulen. Das übrige Wasser kommt nochmals auf den Herd, die Artischocken werden wieder erhitzt und dann zu Tisch gebracht. Auf alle Fälle achte man darauf, mit den Artischocken lieber früher zu beginnen, denn bei dem Versuch, kochend heiße Disteln vom Heu zu befreien, gibt es immer verbrühte Finger.

Völlig andere Möglichkeiten bieten die kleinen Carciofini aus Italien. Das obere Drittel der spitzen Blätter wird abgeschnitten, dann müssen die Hüllblätter nach unten abgerissen werden, alles was grün ist, muß weg. Am langen Stiel bleibt das gelbe Herzstück übrig, auch violette Blättchen müssen entfernt werden. Den Stiel sollte man so lange wie möglich lassen, denn er ist genauso köstlich wie der Boden. Das oft angetrocknete Ende des Stiels wird abgeschnitten. Wir sehen an der Schnittstelle den hellen weichen Kern und die dunkelgrüne äußere Schicht. Die muß weg. Vom Stielende schält man mit einem Messer in Richtung Knospe, ähnlich wie beim Spargel.

Diese Arbeit ist etwas zeitraubend, und es empfiehlt sich, die geschälten Früchte in kaltes Wasser einzulegen, das mit etwas Ascorbinsäure vermischt ist. Ascorbinsäure ist reines Vitamin C und für billiges Geld in jeder Apotheke zu kaufen. (Wer's einmal probiert hat, kauft nie mehr die sündhaft teuren Brausetabletten, sondern geht seine Erkältung wohlfeiler an.) Weiter mit den Carciofini: Sie werden ungefähr zwanzig Minuten in leicht gesalzenem Wasser gekocht, nicht zu weich, nicht zu hart. Sie sind ein Allroundgemüse, das auch fein gehobelt in den Salat gemengt wird, roh mit Olivenöl in der Pfanne zu Chips gebraten oder gekocht und in Vinaigrette eingelegt, jedes Vesper veredelt. Gekocht und dann in Butter gebraten, eventuell mit Tomatenwürfeln vermischt, so kommt im tristesten Haushalt das große Jauchzen auf, Knoblauch und etwas Thymian, Olivenöl, und fertig ist eine herzhafte Essensfreude, gerade an spätherbstlichen trüben Tagen. Artischocken sind nämlich je nach Erzeugerland im Spätherbst bis in den Winter und im beginnenden Frühjahr auf dem Markt. So hat man in der Jahreszeit, in der die frischen Gemüse seltener sind, eine willkommene Abwechslung der gesündesten Art, besonders für die Leber. Es geht sogar die Mär, daß mit Artischocken die blaurot geaderte Trinkernase ins Hellere umgefärbt werden kann. Dann also erst recht: Prost und guten Appetit.

Innereien

Man macht sich wenig Gedanken darüber. Man kann es aber täglich beobachten: Die Gerichte haben immer weniger Leben. Sie kommen als Putenschnitzel auf den Tisch oder als Hähnchenschlegel, als Steak oder als Würstchen sowie Bulette. Wo am Tier noch ein Kopf war, ein Fuß, ein Hals, ist jetzt nur noch Fleisch: Das ist die Entleibung der Speisen.

Dagegen ist es heute noch in französischen Spitzenrestaurants üblich, Fasane mit den Krallen oder Tauben mit den Köpfen zu servieren. In Süditalien kann man den Gourmet beobachten, wie er den Kopf eines Huhns mit beiden Händen zum Mund führt, kräftig hineinbeißt und die inneren Säfte und das Hirn aussaugt. Das hat mit urtümlicher Feinschmeckerei zu tun, mit langer Kultur, würde aber heute an deutschen Tischen das reine Grausen hervorrufen. Denken wir an die Subkultur der Hamburgersandwiches, so ist der Erfolg dieser Produkte nicht nur darin begründet, daß er androgyn nach allerlei Dingen gleichzeitig schmeckt: Süß, sauer und scharf nivellieren sich, heben sich auf, und man kommt gar nicht mehr auf die Idee, Fleisch zu sich zu nehmen. Das Ergebnis ist ein Neutrum mit roter Farbe und der Konsistenz von Mullbinde.

Das liebt der Zeitgeist, und diese Tendenz macht auch nicht mehr vor einem Feinschmeckerrestaurant halt. Die Fische dürfen keine Gräten mehr haben, alles ist filiert und mundgerecht zerteilt; nichts erinnert daran, daß wir Menschen, um uns zu erhalten, indem wir essen, auch permanent zerstören. Unser Leben ist anderer Tod, die Pflanzenwelt mit eingeschlossen. Die Innereien, die in vergangenen Zeiten als Nahrungsmittel mystischen Inhalts galten, sind Folge unserer Überzivilisation. Man vermutete im Herzen den Sitz der Seele und war überzeugt, sich durch den Genuß der Innereien die Kräfte und den Mut des Tiers (übrigens auch des Menschen) einzuverleiben.

Bei Goethe schon besungen, ist Blut ein ganz besonderer Saft und hat tatsächlich äußerst aufbauende Kräfte und ist in orientalischen Ländern immer noch der Inbegriff des Opfers. Das Opfer für Gott, der dankbare Genuß von Fleisch zur Ehre Gottes, machte im religiösen Umfeld des frühen Christentums jeden Gedanken an Vegetarismus unmöglich. Vegetarismus kommt aus dem protestantischen Gedankengut der Jahrhundertwende, gedieh erst aufgrund des sich langsam einstellenden Überflusses.

Weiter nun mit den Köstlichkeiten aus den Bäuchen der Tiere: Da ist wesentlich mehr vorhanden als man gemeinhin annimmt. Nicht nur Leber, Niere, Bries und Herz, sondern noch Rindergaumen, Zunge, Milz, mit der in Österreich und auch in Biberach einiges angestellt wird. Dann noch Kalbs- und Rindskutteln, Lunge. Därme vom Kalb, die geputzt als Gekröse in Weißwein wunderbar schmecken. Dann der Schweinemagen, der gefüllt als Pfälzer Saumagen durch den Pfälzer Helmut Kohl überregional berühmt wurde. Die Schweinsblase wiederum diente als Korsage für eine Wurstspezialität namens Bierkugel. Nicht zu vergessen die Spezialitäten von Ziege, Lamm, Wild und Geflügel, bis hin zu Gänsemagen, Gänseleber und Gänsestopfleber.

Nun zu den einzelnen Tieren und ihren Spezialitäten. Innereien sind nur sehr frisch eine Köstlichkeit und sollten möglichst am Schlachttag oder einen Tag später zubereitet werden.

Beginnen wir mit dem Kalb: *Kalbsherz* ist schieres Muskelfleisch, es gibt dazu unzählige Rezepte. Eine moderne Variante: rosa braten und mit Vinaigrette als Salat anrichten: eine extravagante Neuschöpfung. *Kalbshirn* kann man in Hefezopfbrösel braten. Beim *Kalbsbries* unterscheidet man Herzbries und das Stichbries. Das Herzbries wird von mir bevorzugt, ohne die zahlreichen Hauteinschlüsse. Bries ist fettlos und ein sehr leicht verdauliches Produkt, fein im Geschmack, es sollte nicht mit dominierenden Gewürzen malträtiert werden. *Kalbsnieren* und *Kalbsleber* sind wohlbekannt. Hinweisen möchte ich aber darauf, daß die Leber, die ja immer noch einen Anteil an Blut in sich hat, nicht zu scharf gebraten werden sollte, sondern auf kleinem Feuer, grad so, daß alles verhalten bruzelt. Die *Kalbsnieren* gelten in der Feinschmeckerei schon sehr lange als große Delikatesse. Sind sie ganz frisch und nicht zu groß, können sie auch im Ganzen gebraten werden. Der kleine Fettkern in der Mitte hat einen köstlichen Geschmack. Leber wie Niere sind nur perfekt, wenn sie rosa gebraten werden. Wer nur Durchgebratenes liebt, läßt am besten ganz die Finger davon. Die *Kalbslunge* spielt in unseren Regionen keine große Rolle, wird aber im Bayerischen und in Österreich mit Meisterschaft zubereitet und gehört bei den Hausfrauen Wiens zum Prüfstein ihres Könnens. Lunge ist nur vom Kalb kulinarisch interessant. Beim Rind zum Beispiel sind die Tracheen schon sehr verhärtet, sie sind die Fortsetzung der Atemröhre und von knorpeliger Härte. *Kalbskutteln* kann man zubereiten wie die im Schwäbischen üblichen Kutteln, aber da sie zarter sind, eignen sie sich auch für feinere Varianten, in Champagner gedünstet oder als Salat.

Das Schwein: Es hat die aromatischste Leber, die den Würsten, selbst der Kalbsleberwurst den unvergleichlichen Geschmack gibt. Pur gebraten neigt sie sehr zum Hartwerden, da sie viel Bindegewebe enthält. Also durch den Wolf drehen und Leberknödel davon machen.

Die schwäbischen “Saure Nierle” sind ebenfalls vom Schwein. *Schweinenieren* sind oval, flach und nicht unterteilt wie die Kalbsniere. Man schneidet sie in der Mitte auf, um den Harngang herauszutrennen. Typisch für das Schwein ist, daß die Innereien zum größten Teil in Gestalt von Würsten zum Verkauf kommen und der Phantasie des Metzgers viel Spielraum lassen. By the way: Mein englischer Freund, der weder gut englisch noch gut deutsch spricht, sagte einmal: The worst Wurst is Bloodworst. Anzumerken ist auch, daß die Spartaner zur Kräftigung ihrer Soldaten Blutsuppe reichten. Die *Milz* des Schweines ist in Österreich sehr beliebt. Man bereitet daraus Milzschöberl, was eine Art Bisquitteig mit durchgedrehter Milz ist. Das "Biberacher Milzle" ist eines der wenigen schwäbischen Rezepte mit Milz. Die Milz wird dabei mit einem langen Messer eingestochen und im Innern flach aufgetrennt, so daß man sie füllen kann mit Schweine-, Ochsen- und Kalbfleisch sowie Bries, etwas Mutschelmehl und Eiern. Sodann wird sie zugenäht und wie ein Säckchen in Fleischbrühe gekocht.

Beim Schwein gibt es im Grunde nichts, was nach dem Schlachten übrig bleiben könnte. Denken wir nur an *schwarzen und weißen Schwartenmagen* und an die Schweinsblase, die hierzulande, aufgeblasen und vors Haus gehängt, den Schlachttag signalisierte. (Da will ich nun kurz einflechten, daß es bei meinen Großeltern gerade umgekehrt war. Uns wurde mit Drohgebärden vom Großvater eingebleut, ja niemandem etwas davon zu sagen. Der fürchterliche Appetit der Nachbarn bei kostenloser Speisung sorgte für anhaltende Angst, daß von der frisch geschlachteten Sau womöglich kaum etwas mehr übrig bleiben könnte.)

Beim *Rind* sind alle oben genannten Organe natürlich auch vorhanden und werden im Grunde auch gleich zubereitet. *Rinderkutteln* kennt fast jeder, und sie sind in unserer schwäbischen Region verdientermaßen eine Spezialität. Leider muß ich hier anmerken, daß sie durch deutsche Akribie etwas im Geschmack gelitten haben: Sie sind zu gut geputzt, da es der Gesetzgeber so will. Die klassisch französischen Tripes à la mode du Caen, sie werden in Cidre gekocht und mit Calvados abgeschmeckt, haben noch den berühmten Hautgout, der hierzulande auf einen schlampigen Metzger schließen ließe – leider.

Auch die Römische Küche ist im Grunde eine Innereienküche. In Rom gibt es ein Restaurant, das neben der Pforte des alten Schlachthofes liegt, in einem in den Berg eingelassenen Keller unter dem Monte Testaccio. Es war ein ehemaliger Eis- und später Weinkeller. In diesem Restaurant, das sogar einen Michelinstern hat, wurden ausschließlich

Innereien angeboten. Man neigt dazu, Innereien als typische deutsche volksnahe Schweinerei, ja Grobheit abzutun, dem ist beileibe nicht so. Machen Sie mal den Versuch und würzen Sie Innereien mit den klassischen italienischen Kräutern wie Thymian und Rosmarin: feine Schweinereien.

Kommen wir noch zu Ziege, Lamm und Wild. Die *Ziege* hat, da sie sehr selektiv nur bestes Grünzeug zu sich nimmt, eine wunderbare Qualität. *Ziegenleber,* leicht rosa gebraten mit etwas Knoblauch und Thymian, zählt zu meinen Leibgerichten. Beim *Lamm* sind es die Nieren, die allerdings wirklich nur frisch ein Genuß sind. Beim *Reh* ist es die Leber und die Zunge. Man bekommt sie nur selten angeboten, da das Beste die Jäger für sich selbst behalten. Das klassische Innereiengericht des Wildes wird Aufbruch genannt. Darin ist alles enthalten, was nach dem Erlegen und Ausweiden zutage kommt.

Beim *Geflügel* sei noch erwähnt, daß Hahnennieren im vorigen Jahrhundert eine Spezialität der Luxusküche war.

Von solcherlei Innereien als Leckereien schwärmten auch schon die alten Griechen: Der Dichter Homer berichtet im 18. Gesang der Odyssee folgendes: Odysseus kehrte nach seinen Irrfahrten nach Ithaka zurück. Athene, seine Beschützerin, verwandelte ihn in einen Bettler, so daß er nicht zu erkennen war. Am Tor seines Hofes fing ein anderer Bettler mit Namen Iros Streit mit ihm an und forderte ihn zum Zweikampf. Die Freier der schönen Penelope eilten herbei und einer sprach:

"Höret was ich euch sage, ihr demütigen Freier!
Hier sind Ziegenmägen, mit Fett und Blut gefüllet, die wir zum Abendschmaus auf glühende Kohle geleget.
Wer nun am tapfersten kämpft und seinen Gegner besieget,
dieser wähle sich selbst die Beste der gebratenen Würste."

Odysseus siegte und "Antinoos" brachte im jetzo den großen Magen mit Fett und Blut gefüllet.

Der deutsche Edelkrebs,

ist, wenn er gehäutet hat, was er einmal im Jahr tut, rot-braun gefärbt. Er hat einen kleineren, schmäleren Schwanz als der Galizierkrebs, der in der Türkei gezüchtet wird. Die Scheren des deutschen Krebses sind aber weitaus größer. Im Gesamtbild erinnert er sehr, wenn er auch kleiner ist, an den Hummer. Der deutsche Krebs ist am Körper kompakt und kräftig gebaut, die Weibchen tragen die Eier unter dem Schwanz, deshalb ist das Tier flacher und breiter. Im Frühjahr werden die Eier ausgetragen, und die jungen Krebse schlüpfen ungefähr im Juni. Deshalb ist nach dem Winter Schonzeit, auch weil das Fleisch im nahrungsarmen Winter gelitten hat. Ende Juni beginnt dann die eigentliche Saison. So ist in den skandinavischen Ländern das Krebsessen zur Sonnenwende ein Ritual mit großer Tradition.

Geschmacklich ist der Krebs sehr fein, längst nicht so heftig wie der Hummer, auch ist das Fleisch feiner und zarter als das der Languste.

Früher gingen auf die Krebse Berufsfischer. Mit der Krebspest aber, die um die Jahrhundertwende von Russland über Skandinavien zu uns kam, wurden die Fischer ruiniert und die Bestände fast ausgerottet. Die Fischer setzten überdies dann den Aal ein, der den Rest besorgte. Der Aal ist der größte Feind des Krebses; wer also einen Aal im Weiher hat, der braucht nie auf Krebse zu hoffen. Der Krebs häutet jedes Jahr und ist dann ein sogenannter Butterkrebs, ohne Schalen völlig wehrlos, delikate Beute auch für Barsche und Forellen.

Neben der Krebspest gilt die Gewässerverschmutzung als eine Ursache des Rückgangs, der Krebs braucht Nahrung, liebt nicht nur kaltes, klares Wasser, sondern auch leicht schmutzig scheinendes. Allerdings hängt sein Geschmack dann stark von der Wasserqualität ab. Der Krebs schmeckt wie das Wasser, aus dem er kommt, es sollte auch nicht zu kalt sein, denn im kalten Wasser wachsen sie sehr langsam. Der Krebs verspeist gerne Aas, außerdem auch Gras oder Wasserpflanzen. In unserer eigenen Zucht fürs Restaurant verfüttern wir mit Vorliebe Spargelschalen und Karotten. Davon bleibt nie etwas übrig, es scheint die Lieblingsspeise der Tiere zu sein. Wir kaufen zur Aufzucht sogenannte Sömmerlinge, sie sind so klein, daß man sie kaum sieht. Bis der Krebs

für den Kochtopf reif ist, dauert es drei Jahre. Ganz klar: Das kann kein billiges Gericht sein.
Heute werden in den Restaurants hauptsächlich galizische Krebse aus türkischer Zucht angeboten, die resistent gegen die Krebspest sind. Es gibt auch herrlich rote Sumpfkrebse aus Afrika und den USA, die allerdings auch so schmecken wie sie heißen, irgendwie sumpfig. Beide Sorten haben einen großen Schwanz und sehr kleine Scheren, die sich kaum des Entbeinens lohnen.
Krebse schmecken am besten direkt aus dem Sud, sie werden gemeinhin vom Gast selbst ausgebrochen. Doch Feinschmecker, die die Kunst des Krebsessens noch beherrschen, gibt es immer weniger.
Im Grunde ist das alles kein Hexenwerk, das Problem liegt eher in der heute verbreiteten Scheu, etwas mit den Händen zu verspeisen. Das gilt ja als barbarisch. Gewiß ist das gekonnte Hantieren mit Eßwerkzeugen ein Ausdruck von Kultur, aber die bornierte Beschränkung aufs Essen mittels Instrumenten ist andererseits ein Zeichen von Dekadenz, von Verlust an Ursprünglichkeit, und wenn viele mit den Krebsen in der Schüssel nicht fertig werden, so kann es den echten Freaks nur recht sein; es ist eh nicht genug für alle da.

Der Fasan

Als wisse er, daß erst nach seinem Tode der Ruhm kommt, stelzt der Fasan mit der Würde eines Exerziersoldaten durchs Feld. Er läuft gut, sieht und hört auch exzellent, gilt aber als blöd. Immerhin bringt er sich in Gefahrensituationen bevorzugt zu Fuß in Deckung, denn ein Alarmstart würde wie bei einem Lastensegler eher schwerfällig geraten. Nur wenn er sich im Flug befindet, waidmännisch-naiv "Strich" genannt, kann das Feuer eröffnet werden. Es wäre ein leichtes, ihn am Boden zu erlegen, was aber unfair wäre, denn im entscheidenden Moment hat er selten eine rettende Idee. Waidwerk bemüht sich um eine Fiktion von Chancengleichheit. Im Handbuch der Jägerprüfung steht: Auf Infanteristen darf nicht geschossen werden.
Phasianus stammt aus den Küstenländern des Kaspischen Meeres und des Fernen Ostens, hat sich bei uns über die Jahrhunderte akklimati-

siert und lebt bevorzugt in Auwäldern und milden Flußniederungen. Bereits recht früh wurde das Tier von Züchtern in die Obhut genommen, schon die Römer begannen damit. Der buntschillernde Goldfasan hingegen ist das Ergebnis einer chinesischen Züchtung. Aristophanes brachte als erster großes Lob ins richtige Versmaß. Lobgesänge hat das Tier durchaus verdient, wenn man betrachtet, wie das Geflügel die Qualitätsansprüche des Feinschmeckers befriedigt.
Kaufen wir uns also einen Wild- oder Edelfasan; jung vor allem muß er sein. Das erkennen wir an seinem Ständer, damit wird irreführenderweise von den Waidmännern das Schienbein bezeichnet. Rückseitig sollte dort nur ein kleiner Dorn sein, noch besser, da jünger ist ein Exemplar, wenn's noch gar nicht so weit kam und nur ein kleiner, hornartiger Höcker zu finden ist. Das auf Daumendruck leicht-federnde Brustbein ist ein weiteres Indiz für zartes Fleisch. Ältere Krieger haben einen bis zu zwei Zentimeter langen Kampfsporn, sind Feinden gegenüber hart im Nehmen, sperren sich aber noch mehr dem genußheischenden Gebiß des Gourmets.
In der Wildhandlung untersuchen wir unseren Kandidaten auf Schrotkugeln. Sind keine Einschußlöcher zu entdecken, so haben wir ein Zuchttier vor uns. Die schmecken aber so fade wie das ihnen verabreichte Futter. Nichts für uns! Wir riechen am Gefieder; kommt uns sein Parfüm neutral vor, so sind wir im Besitz eines recht frischen Tieres. Im feinschmeckerisch-kritischen Sinne läuft alles planmäßig, wir nehmen die Beute also mit nach Hause.
Ausweiden und waschen. Belästigt strenger Geruch unsere Nase, rupfen wir gleich das Gefieder, wenn nicht, hängen wir den Vogel mit einer Schnur am Schwanz auf. In Küchenanweisungen des 18. und frühen 19. Jahrhunderts war ein Fasan zum Verzehr bereit, der nahe an der Fäulnis irgendwann zu Boden fiel. Die Köchin konnte sich das Licht in der Speisekammer sparen, sie fand ihn auch so. Den stechenden Wildgeruch (Hautgout) können wir unseren Gästen heute nicht mehr zumuten. Schade, denn wie so oft wäre die optimale Lösung jene in der Mitte. Gut, das Vieh ist gerupft und wird anschließend flambiert, will sagen: Sind wir glückliche Benutzer eines Gasherdes, dann brennen wir die

restlichen, kleinen Federn und Härchen über der offenen Flamme ab. Kochfreunde mit modernstem Küchenequipment wie einem Induktionsherd müssen sich mehr mühen, sie rollen eine Zeitung zusammen, gehen mit Zündholz sowie Fasan ins Freie, zünden die Zeitung an und versuchen auf diese Weise nicht sich, sondern den Fasan (Windrichtung!) zu flambieren.
Zugegeben, der Sonntagsbraten fordert eine gewisse Vorbereitung, ist aber auch Kurzweil mit Freizeitwert. Letztes Handanlegen ist das Entsehnen: Oberhalb des Dorns bohren wir mit einem spitzen Gegenstand in der Mitte des Beines durch. Auf der einen Seite haben wir den Fußknochen und auf der anderen die Sehnen. Mit einer Kombizange pulen wir uns dazwischen, versuchen die Sehnen einzeln aus dem Oberschenkel zu ziehen. Auch wenn sie ein rationeller und zupackender Typ sind, lieber Leser: Reißen Sie nicht gleich alle auf einmal heraus – zuviel gutes Fleischgewebe ginge verlustig. Das wär's. Der Fasan ist küchenfertig.

Über Läuse

Ein betriebseigener Garten könnte die Krönung der Küchenausstattung, die Freude der Salatmamsell bedeuten. Stolz wird auf der Speisekarte die totale Chlorophyllorgie angetrommelt. Die Salatmamsell, in der modernen Küche durch den sogenannten Gardemanger ersetzt, tut sich aber von Tag zu Tag mit "feinsinnigem" Kochen schwerer. Erdflöhe, Läuse, Würmer, Raupen, Tod und Teufel haben sich zwischen taufrischen Blättchen etabliert. Der Verbraucher, offenbar ein empfindlicher Gegner der Ernährungs- und anderer Industrien möchte optimal geschützt sein.
Wir Deutschen gelten als feste Charaktere. Wenn wir heute allerdings noch als stark beleumundet sind, dann allenfalls als stark sensibel. Unser Alltag ist voll von Betroffenheiten aller Art. Wir geraten nicht nur in Panik, wenn sich eine Spinne ins Schlafzimmer verirrt, auch bringt das kleinste Läuslein im Salat unser Gemüt ins Schleudern. Ja der Salat, im Restaurant kommt er aus der Küche und dorthin gelangt er aus, zum Beispiel, Holland. Unsere Zeit ist völlig dem Hygienewahn verfal-

len, keine Laus, kein Schmutz hält dem stand. Aus dem Gärtner wurde der Gartenbauingenieur, der auf die Erfüllung der hygienischen "Qualitätsmerkmale" achtet; erst danach kommt die Gesundheit und die Forderung nach biologisch einwandfreier Herkunft. Ist es einem Wirt zu verdenken, wenn er auf Nummer sicher geht, sich der Empörung seiner Gäste nicht aussetzen will und hygienisch einwandfreien Hollandsalat in die Teller setzt?

Gut haben es die Fastfood-Ketten, die viel Geld verdienen und auch verlieren könnten. Sie bedienen sich fast ausschließlich antiseptischer Convenienceprodukte.

Risikofreudigere Restaurateure, die es mit ihren Kunden gut meinen, besorgen sich ihr Grünfutter beim Biobauern oder werfen sich selbst in die Furche und holen sich von ihren hehren Zielen die Kraft, um auf ihre Gäste therapeutisch einzuwirken, wenn diese angsterstarrt einer Laus ins Auge sehen müssen.

5.

Späte Warnung

Schmecklektionen

Ohne Hirn kein Schmack / Balthazar Grimod de la Reynière / Wein und Essen – welche Regeln gibt es noch? / Holzofenbrot

Ohne Hirn kein Schmack

Der Eintritt in die Eßkunstgesellschaft war wohl eher fad, sonst würde ich mich heute noch an mein Primärgetränk Muttermilch erinnern. Fünf Jahre später hatte ich es dann mit Hilfe meines ersten Bieres geschafft, es *schmeckte.* Es gab kein Halten mehr, und eines übermütigen Abends saß ich meiner schrillen Rock'n-Roll-Mutti auf dem engen Pullover zwischen Arm und überschallroter Glaskette. Schnaps war angesagt, und ich wollte auch davon. Bill Haley sang expressiv, die kleinen fünfundvierziger Platten mit dem schwarzen Label 'Brunswick' drehten sich ohne Unterlaß. Mutter gab meinem Drängen nach und reichte mir Kirschwasser.

Hätte ich erst ein bißchen daran gerochen, wäre das wohl Warnung genug gewesen. Als ich es erschmeckte, war es zu spät zur Umkehr. Ich rang um Luft und Leben, fuchtelte mit den Händen, der Faden der Glasperlenkette riß. Als die Krämpfe nachließen und sich das Zwerchfell aus der Blockade löste, schrie ich tief aus verbrannten Gedärmen mit Bill Haley unisono. Ein für allemal hatte ich kapiert, daß im Rachen vielfältige Ereignisse stattfinden können. Eine Welt für sich.

Man hätte mir damals ein Schildchen umhängen sollen: Immer erst riechen, prüfen, bewahrt vor manch jähen Überraschungen. Manches wäre mir erspart geblieben. Geduld ist die eine Sache, Schmecken die andere. Wer schmeckt, hat bereits den zweiten Gang der Kulinarik eingelegt und ist am Duft vorbei, hat links überholt und ist über die kalorienfreie Variante des Genusses hinweg. Schmecken ist direkt und gehorcht purem Verlangen nach Intensität. Schmecken ist der volle Griff in die Aromen, oft exzessiv, manchmal grob, korrespondierend zwischen Nase und Rachen. So werden die feinen Register der Zunge überwacht. Man riecht von innen. Auf der Zunge vagabundieren Aromen zwischen den verschiedenen Plafonds der Sensorik hin und her. Spaziergänge in der Mundhöhle können auch in die Irre führen. Als letzter Emergency-Hebel bleibt manchmal nur noch der Finger im Rachen, oder man bläst ab wie ein Wal. Vielleicht dann, wenn die Lippen vorm Verbrennen warnen. Die Zunge ist jedoch die Schildwache des Schlunds. An der Spitze wird süß registriert, die vorderen Ränder melden salzig, die hinteren Randlagen empfinden sauer, und Backstage am Zungengrund, der letzten Instanz, schmecken wir das Bittere. Schärfe hat nur entfernt mit Schmecken zu tun. Sie wird nicht über Geschmacksrezeptoren analysiert, sondern ist eine chemische Empfindung. Die Schleimhäute werden gereizt, und schon bricht womöglich die Chillihölle los, die sich über den Gaumen bis in den Anus fortpflanzt und oft am anderen Ende genauso brennt wie an den Lippen.

Der Geschmackswahrnehmung dürfte annähernd zeitgleich die Geschmackswertung folgen: “Es schmeckt” bedeutet immer, daß es gut schmeckt. “Es riecht” ist nicht so eindeutig. Schmecken ist Geschmackssache im wahren Sinne, also eine Form der Freiheit. Was dem einen ein geiler Trüffel, ist dem anderen eine erdig widerliche Knolle. Jeder ist dafür selbst verantwortlich, mit welchem Verstand er sich bei Tisch über die Gaben der Natur hermacht. Jeder ißt und trinkt von Kindesbeinen an, was nicht heißt, daß man damit auch schmecken lernt. Es gehört auch Begabung dazu. Wie Musikalität nicht jedem gegeben ist, so kommt nicht jeder auf den Geschmack. Auf das Bewußtsein kommt es an. Ohne Hirn kein Geschmack.

Balthazar Grimod de la Reynière:

Ein großer Vordenker der wohlüberlegten Nahrungsaufnahme

Am 20. November 1958 in Paris geboren, stammte er aus sehr wohlhabendem Hause. Der Großvater sammelte in einem Traumberuf ein Vermögen an. Er war Generalpächter und trieb die Steuern für die Krone ein, gab davon aber längst nicht alles weiter. Geld war also genug vorhanden, und die abendlichen Soupers gerieten zur reinen Wollust. Der Großvater erstickte tragischerweise an einer Gänseleber.

Im Aufzehren des Erbes wuchs der Enkel zu einsamer Subtilität heran. Am 1. Februar 1783 leistete er sich ein Abendmenü, bei dem die Einladungsbilletts auf Todesanzeigen gedruckt wurden. Von Särgen wurde gegessen. Nach neun Gängen und zwei Tischreden war sein Geist dermaßen erfrischt, daß er sich als Verteidiger des Volkes feiern ließ und den Kernsatz des Abends ins leise Tellerklappern rief: "Vor dem Gesetz und bei Tische haben alle gleiche Rechte und gleiche Pflichten. Die Tafel macht uns alle gleich."

Aufgrund eines ähnlichen Pamphlets verlor er seine Advokatur und galt fortan als Verfolgter des Ancien Regime. Dies war auch von Vorteil, denn aufgrund dieses Status kam er ungeschoren über die Zeit des menschenfressenden Puritaners Robespierre und die Französische Revolution hinweg. Der solchermaßen zur Volksherrschaft hingewendete Großpächtersohn verschrieb sich in anschließenden Jahren ganz der Demokratisierung der Genüsse und richtete über die vergangene Monarchie: "Die Vorfahren aßen, um zu leben, die Nachfahren scheinen zu leben, um zu essen." Er berief eine "Jury dégustateur" ein und begutachtete Nahrungsmittel, Rezepte und Gerichte.

Im fünfundvierzigsten Jahr seines behüteten Lebens war er reif fürs gedruckte Wort. Sein Hauptwerk war der in regelmäßigen Intervallen veröffentlichte "Almanach des Gourmands" (1803–1812) und die praktischen Anleitungen für Gastgeber und Gäste "Manuel des Amphytryons" (1808). In seinem "Tribunal Gastronomique" wurden Restaurants überprüft und bewertet. So wetterte er in düsterer Vorahnung der Restaurants von heute für eine gut ausgeleuchtete Tafel: "Licht ist der Prometheus-Funke auch für den Speisenden".

Grimod de la Reynière läßt es sich gut gehen.

Sein "Almanach des Gourmands" wurde aufgelegt, um Leuten ein "Vademecum zu bieten, die nicht wissen, wie sie ihrem Vermögen Ehre machen sollen." Zu den Einladungen bemerkte er: "Nur schwere Krankheit oder Tod sind die einzigen annehmbaren Entschuldigungen. Der Geladene wird sich also in sauberer Kleidung zur bestimmten Stunde in das Haus des Gesetzgebers verfügen, und zwar ausgerüstet mit einem Appetit, der dem Rufe der betreffenden Tafel entspricht, und in einer leiblichen, geistigen und seelischen Verfassung, wie sie für die Einnahme, den Zauber und die Annehmlichkeit eines Festmahles unbedingt vonnöten ist."

In seinem Kapitel "Von der Bedienung bei Tisch" würdigte er kritisch die Funktion der Lakaien; der heutige Leser möge dabei bedenken, daß Grimod adeligen Geblüts war und zu jener Zeit Dienstleistung im Übermaß vorhanden war, also längst nicht so rar war wie heutzutage.

"Es stände sehr zu wünschen, daß man während des Mahles die Anwesenheit der Bediener entbehren könne, oder daß sie dabei wenigstens immer nur im Gefolge des Haushofmeisters erschienen und sich dann ungesäumt wieder entfernten, anstatt wie Automaten hinter dem Stuhle jedes Gastes aufgepflanzt zu bleiben. Ihr leerer Magen, ihre gierigen Blicke und ihre gespitzten Ohren mache diese Beharrlichkeit zu einer wahren Marter für die Tischgenossen und für sie selbst. Die Gegenwart der Lakaien hat noch einen anderen Nachteil, sie ist sozusagen ein Protest gegen die Dauer des Mahles, dessen Länge diese Leute innerlich von Herzen verwünschen."

In seinen Ausführungen über Tischgespräche geht Grimod mit dem Geschwätz der Geladenen zu Gericht und plädiert für ein gewisses Niveau.

"Auch bei Tisch werden Dumme nicht gescheit, wer sich nicht entblößen will, flüchte sich in ein Lied". Er empfahl dem Gastgeber, sich über die Interessen der Geladenen zu informieren, um die Gespräche in eine wünschenswerte Richtung zu kanalisieren. Selbst heutzutage wäre es zumindest nicht von Nachteil, seinem Verbot Folge zu leisten und Gespräche über Religion und Politik zu untersagen: "Eine lebendige Unterhaltung während des Mahles ist ebenso gesund wie angenehm, sie ist die richtige Therapie gegen schnelles, ungesundes Essen, sie fördert und beschleunigt die Verdauung. Theologische oder moralische Fragen werden selbst für den nur mit einiger Klugheit ausgerüsteten Mann von Welt zu Steinen des Anstoßes."

Grimod rät zu guter Letzt, nicht allzuviel über das Essen zu reden: Man kompromittiere sich womöglich durch allzu freie Bemerkungen über mangelhafte Teile des Mahls, man laufe Gefahr, das Mißfallen des Wirts zu erregen, um dann noch ausgleichend gegen seine Überzeugung reden zu müssen, "schlechte Weine loben, nichtsnutzige Ragouts zu preisen, und halbgeschmolzenes Eis in den Himmel erheben zu müssen".

Als Napoleon aufs Altenteil nach St. Helena gezwungen wurde, war es auch für Grimod Zeit, sich auf sein Landgut zurückzuziehen. Ohne die Konventionszwänge der Stadt und der Nachbarn lebte er seinen Spleen aufs kräftigste aus. So hielt er sich als Hausgenossen ein Schwein, das täglich an seiner Tafel teilnahm.

Eine Traueranzeige des 7. Juli 1818 rief nach Villiers-sur-Orge um 16 Uhr. Zahlreiche Trauergäste machten sich auf den Weg, um Grimod mit dem letzten Geleit zu beehren. Die Trauernden fuhren im Hof seines Guts am geschlossenen Sarg vorbei und wurden in einen schwarz verhangenen Salon geführt. Nach einigem Warten öffnete sich die Tür zum Speisesaal und am Ende der festlich gedeckten Tafel verkündete der scheinbar Verblichene mit fester Stimme, man solle sich rasch setzen, er schätze es nicht, kalt zu speisen.

Es folgten noch viele Tage skurriler Tafelfreuden, bis endlich der allerletzte Digestif genommen wurde. Am 25. Dezember 1837 fiel dem skurrilen Genießer Grimod endgültig die Gabel aus der Hand.

So sei ihm ein später Nachruf gegönnt.

Balthazar Grimod de la Reynière war der erste, der die Eßkritik zur literarischen Disziplin erhob und sie der Kunstkritik ebenbürtig betrachtete. Wohl befinden wir uns längst in einer anderen Zeit, Kulinarik und in feiner Lebensweise haben die letzten beiden Jahrhunderte keine allzugroßen Fortschritte gebracht. Zu seinen Ehren sei auch erwähnt, daß Grimod im Gegensatz zu heutigen Journalisten wirklich

unabhängig von Verlegern und deren Anzeigeninteressen war. Er scholt weniger die Köche, sondern zielte mit seiner oft verletzenden Feder zuvörderst auf die Leser, die Feinschmecker selbst.
Zuerst kommt der Wunsch nach gutem Essen, dann erst der Koch, der diesen befriedigt. Ohne gelernte Gäste gibt es also auf Dauer keine gute Küche, und nun nochmal eins drauf: In der Gastronomie ist Diktatur angesagt. Ein guter Koch ist streng zu seinen Gästen und beugt sich nicht gegen seine Überzeugung jedem Wunsch und Trend. Er muß das beste seinen Gästen antun, zur Not auch ohne deren Einsicht.
Grimod de la Reynière zeigte als einer der ersten auf, daß Gourmandise eine nicht leicht zu erlernende Kunstform ist, wie ja alle Lebenskunst nicht angeboren, sondern durch Erfahrung erworben werden muß. So sprach also Grimod:
"Es ist viel leichter ein Vermögen zu erlangen, als es mit Anstand zu genießen."

Wein und Essen – welche Regeln gibt es noch?

Unsere Wahrnehmungen genügen keinesfalls für die angemessene Erfassung der Realität – das gilt auch für Wein.
Ursprünglich war Weintrinken ganz einfach, und bis heute gilt: Erlaubt ist, was gefällt. Tatsache ist, daß selbst der Fingerzeig mit geschlossenen Augen in eine wohlsortierte Weinkarte meist einen akzeptablen Speisenbegleiter trifft, vorausgesetzt, man hat nicht bei Forelle blau die Rotweinseite und bei geschmortem Ochsenschwanz die Liste der leichten Weißweine aufgeschlagen. Weinfexe neigen dennoch oft zu verschrobenem Geheimlogentum. Man sei unbesorgt ob der Gerüchte, daß unbedingt zu einem Fasan, der auf dem rechten Bein geschlafen hat, eine andere Bouteille zu öffnen ist, als zu einem Fasan, der auf dem linken Bein ruhte.
Klar, daß mit etwas mehr Wissen auch der Durchblick durchs Weinglas zunimmt. Viel Trinken hilft! Wer sein Leben achtelesweise durch die Öse zieht, darf sich nicht wundern, daß womöglich auch das restliche Leben den großen Wurf verweigert. Man sollte sich unerschrocken an neue Ufer wagen. Übung, Menge und der beherzte, aber abwägende

Blick auf den Preis führen unweigerlich zu etwas Weinwissen. Selbst wer über längere Zeit gelassen und ohne Hinterfragen ausgiebig Zwanzigmarkgewächse trinkt, kehrt nicht mehr freiwillig zu den Zehnmärkerschoppen zurück. Meine Empfehlung für den entwicklungsfähigen Weinliebhaber wäre, die eine oder andere Urlaubsreise sausen zu lassen und über den Geist der Flasche auf dem heimischen Sofa die Reise entfernter Weinlandschaften zu ergründen.

In keinem Weinland wird so viel über das Verhältnis von Speisen und Wein geschwatzt wie in Deutschland. Die häufig selbstgerechte Weise, in der mancher Wirt seine Fehleinkäufe anpreist oder ein Großwinzer bestimmt, welcher Wein weshalb zu welchem Essen getrunken werden darf, gleicht dem Eifer, mit dem ehedem die Christianisierung unserer Vorfahren betrieben wurde. Zum Teufel aber mit den Theoretikern, denn Theorien leiden unter dem Handicap, daß sie eben nur Theorien sind.

Pfeifen wir also auf die Lehrmeinungen, wenn wir gerade Lust auf einen ganz bestimmten Wein haben. Es ist aber fast aussichtslos, in einem Restaurant mit praller Weinkarte in einigen Minuten eine Übersicht vom Angebot zu gewinnen, an dem der Wirt jahrelang gefeilt hat. Auf den ersten Blick tun sich da Hürden auf, um die mir ehrgeizige Weinenthusiasten leidtun. Muß man mit erfahrenen Weinkellnern um Ebenbürtigkeit rangeln?

Zugegeben: Seit die Sommeliers erfunden wurden, geriet die gewohnte Rebenlust zum Streß- und Reizthema. Es gibt nur zwei Möglichkeiten, Wein zu trinken: Lustvoll und unbekümmert – oder aber nachdenklich und hingebungsvoll (letzteres kann außergewöhnliche Freudenmomente bescheren).

Wir fragen: Lohnt es sich, ein ganzes Weinlexikon auswendig zu lernen oder heimlich im Restaurant diverse Spickzettel zu befragen, nur damit wir uns als Weinkenner exponieren lassen können?

Der Verdurstende blickt nicht auf den Jahrgang (ich erlaube mir hier mal eine Abwandlung von Peter Rühmkorfs großer Einsicht). Wenn aber die Stunde günstig, der Anlaß oder die Lust ungemein sind, dann können, das sei nochmal gesagt, bei guter Beratung durch einen Sommelier die Minuten auf das angenehmste gedehnt und die Stunden im Restaurant unvergeßlich werden. Man suche sich also ein Etablissement mit kulinarischer Kompetenz und entsprechender Weinberatung, denn Achtung: Nur wenige Kochkünstler denken am Herd daran, daß draußen im Restaurant ein Gast womöglich die Harmonie von Essen und Wein sucht. So einfach es ist, zum alltäglichen Essen einen einigermaßen passenden Wein zu finden, um so sensibler ist das Terrain der großen kulinarischen Oper. Dort bin ich dafür, daß zu jedem Gericht der Wein so zu wählen ist, daß er perfekt paßt: Will sagen, daß keine lauwarme Liaison geduldet wird, sondern daß auch Spannungen anzustreben sind, die sich dann in Harmonie vollenden, wie etwa bei Austern und edelsüßem Wein. Neue kulinarische Ufer erreicht man nur mit dem Mut zum Außergewöhnlichen. Hierfür einige Beispiele ungewöhnlicher Paarungen: Gegrillte Rotbarbe und Lemberger, Gänseleber und sehr junger Bordeaux, frischer Ziegenkäse und Sauvignon blanc. Solche Kombinationen sollte man versuchen, die Überraschung wird dabei nicht ausbleiben. Umgekehrt aber paßt zum Dessert kein Brut-Champagner, obwohl dies Zweiergespann zu den üblichen Höhepunkten eines Menus zählt. Auch gibt es die abenteuerlichsten Gerüchte, die nachweisen wollen, daß zu Salat oder Schokolade kein Wein passe. Unsinn. Säurefeste Weine vereinigen sich gut mit Salat, und zu Schokolade paßt wunderbar ein Banyuls oder Port. Zu Consommées harmonieren Sherry oder etwa ein gereifter Chardonnay, man kann aber auch die Rieslinge wunderbar verwenden, die überreif im Keller liegen und zu nichts mehr so recht passen wollen.

Oft meldet sich gegen Ende eines Menus nochmals die Lust einer bacchantischen Steigerung. Ein heikler Moment, denn Käse erfordern eine gewisse Wucht. Wer will nach einem muskulösen Barolo den Abstieg und noch dazu mit einer ganzen Flasche, die den Führerschein kosten könnte. Jetzt wäre der Auftritt eines Jahrgangsports oder ein Gläschen edelsüßer Beerenauslese angezeigt. Käse ist Anästhesie für den Gaumen, gegen die selbst kräftige Rotweine alle Reize einbüßen können. Es steht schon in einem Hauswirtschaftsbuch aus dem Jahr 1730: "Durch Käse wird des Käufers Geschmack verwechselt, daß er

den schlimmsten für den besten Wein aussucht." (Ganz nebenbei, flieht bitte alle die Weinverkäufer, die zur Probe Käse reichen!) Wer also zum Käsevesper seinen preiswerten Corbières liebt, muß mit dieser Gewohnheit nicht brechen. Achtenswert, so wollen wir schließen, ist zweifelsohne die schwäbische Maxime, daß ein Trollinger immer und überall größtmögliche Steigerung bedeutet. Es ist nur eine Frage der Lage: Selbst wenn die ersten zwei Viertele noch die Backen hochziehen, so kommt auf alle Fälle ab dem zehnten Frohsinn ins Blut. Da kann man nichts dagegenhalten, und der Weinfreund ist gut beraten, wenn er mit schwäbischen Patrioten darüber nicht diskutiert. Abschließend bleibt nur noch anzumerken, daß ein großer Wein mit einem einfachen Gericht immer ein großer Wein bleibt, aber ein kleiner Wein zu einem großen Essen nicht besser paßt als Bermudashorts beim Vorstellungsgespräch.

Holzofenbrot

Aus Backstuben atmet altes Handwerk, aber der Bäcker oder auch Pfister (Lat. Pistor = Müller) wurde erst in jüngerer Zeit in den Zünften etabliert. Backen war bis ins neunzehnte Jahrhundert eine Familienangelegenheit, es gab keinen Bauernhof ohne separates Backhaus. Einen Steinwurf weit vom Stall wurden die Steinöfen geheizt. Selten war der Backofen im Haus selbst installiert, was bei der Brandgefahr des Miniatur-Hochofens unmittelbar einleuchtet.

Zuhause Brot backen kommt wieder in Mode. Wer sich nach ursprünglichem Leben sehnt, muß nicht unbedingt in der Toskana Trockenmauern sanieren. Man könnte auch zuhause ein Backhäuschen hochmauern, denn ein Holzbackofen ist nicht nur ein Mittel, um an gesundes Brot zu kommen, sondern auch eine Weltanschauung und könnte ein sinnvoll-erholsames Steckenpferd sein. Es macht nicht nur Spaß. Auch vor dem Hintergrund der statistischen Tatsache, daß der Durchschnittsbürger etwa zwei Kilo Backhilfsmittel pro Jahr zu sich nimmt, könnte man Brotbacken neu überdenken.

Die kleinen Bäckereien liegen in den letzten Zügen, jeden Tag finden Übernahmedeals statt, und in den meisten Traditionsläden wird längst "undercover" eine raffinierte Vielfalt aus der Backfabrik geboten. Brot, ehedem aus Hefe- oder Sauerteig, Mehl, Wasser und Salz zusammengemengt, wird heutzutage mit einer Menge Chemikalien aufgepeppt. Chemikalien gegen Schimmel, fürs Volumen, für die Farbe, für den äußeren Glanz, damit es mehr nach Brot schmeckt, daß Wasser besser hält, damit kein Gewichtsschwund die Kalkulation beeinträchtigt undsoweiterundsofort.

Wie baut man ein Backhaus, oder welchen Herd stellt man sich in die Küche, damit die Eigenfertigung nicht zum Frust wird? Wer sich ernsthaft mit dieser Frage beschäftigt, könnte sich mal den Herd der Küchenausstattungsfirma Gaggenau anschauen, der mit einer beheizbaren Steinplatte lieferbar ist. Um auf dem Grundstück ein Häuschen hochzuziehen, wäre am besten der Kaminbauer zu fragen.

Das Backhäuschen, also der Holzofen, gleicht einer gemauerten Höhle. Es wird langsam mit Reisig angeheizt, damit die Wände nicht platzen, dann kommen größere Holzscheite, bis sich eine starke und reichliche Glut bildet. Das Schamottgemäuer ist in ungefähr zwei Stunden so heiß, daß die runde Deckenwölbung des Ofens rot glüht. Mit einer Stange werden die Holzstücke auf beide Seiten an den Rand geschoben. Mit einem Besen, mit Wasser getränkt, um dem Feuer zu widerstehen, wird die verbliebene Asche zur Seite gefegt. Ist der Ofen zu stark erhitzt, wird als Vorgebäck Fladen, Salz- oder Zwiebelkuchen gebacken. Im Grunde funktioniert alles wie beim originalen Pizzabäcker. Hat der Ofen normale, satte Hitze, werden die Schwarzbrotlaibe "eingeschossen". Der Teig, mit Sauerteig und Hefe versehen, ist in runden Laibkörbchen in einer warmen Ecke der Küche gelagert und hat dort sein Volumen verdoppelt.

Mit geübtem Schwung werden Laibkörbchen auf den Schieber gestürzt und in die hintere Ecke des Ofens geschoben. Bei Gemeinschaftsöfen, die es in einigen Orten auf dem Lande wieder gibt, wird das Brot der jeweiligen Eigner gekennzeichnet. Heute noch werden Stempel verwandt, wird das Brot eingeritzt oder mit einem Reisigzweigchen versehen.

Die Brote werden eng nebeneinander bis an die Ofentüre eingepaßt. In der Regel füllen sechs große Laibe den Ofen und die Backzeit wäre eine

Stunde. Wenn die Laibe wieder das Licht erblicken, werden sie mit Wasser abgepinselt. Langsam kühlt der Ofen ab und spendet die ideale Temperatur für Gebäck und Kuchen.

Für die Sauerteigherstellung braucht es 100–125 Gramm stilles Mineralwasser, 100–125 Gramm feines Roggenmehl, 1 Eßlöffel Milch und einen halben Teelöffel Kümmel. Kümmel-Sauerteig ist ein uraltes Triebmittel, das wilde Hefekulturen enthält. Die Zutaten werden vermengt und drei Tage an einem sehr warmen Ort bei etwa 25°–30° vergoren. Man kann in einem Schraubglas auch das Gemenge in einer warmen Decke lagern. Der Sauerteig muß angenehm säuerlich schmecken, ist er scharf säuerlich, so ist er nicht in Ordnung, und es konnte sich zuviel Essigsäure bilden.

Wem das alles zu aufwendig ist, der kann den Sauerteig auch im Ökoladen kaufen oder ihn in einer traditionellen Bäckerei besorgen, so er eine solche findet. Viele Bäuerinnen verwenden als Triebmittel zur einen Hälfte Hefe und zur anderen Sauerteig.

Nun zum eigentlichen Sauerteigbrot: Dafür geben wir in eine große Schüssel 600 Gramm lauwarmes Wasser, 200–250 Gramm Sauerteig, 600 Gramm Roggenmehl, 500 Gramm Weizen, 10 Gramm Hefe, 2 Teelöffel Salz. Ein Drittel des Wassers in die Backschüssel geben und den Sauerteig damit verrühren, daß ein dicker Brei entsteht. Abdecken und an warmer Stelle drei bis vier Stunden stehen lassen. Dann zur angeteigten Masse das zweite Drittel Wasser geben und die Hälfte des Roggenmehls unterrühren. Abdecken und wiederum an einem warmen Ort über Nacht ruhen lassen. Und jetzt endlich am nächsten Morgen: Mit dem restlichen Wasser die Hefe auflösen, das Salz, den Koriander oder Kümmel mit dem Weizenmehl nach und nach dazugeben, das restliche Roggenmehl einstreuen, bis sich alles zu einem standfesten Teig vereinigt. Zehn bis fünfzehn Minuten kneten. Den Teig halbieren und zwei runde Laibe formen, auf ein Backblech setzen, mit einem feuchten Tuch abdecken und bei 25° etwa zwei Stunden gehen lassen. Soll das Brot gelingen, so merken wir uns, daß Sauerteig- und Hefebakterien Lebewesen sind und sich wie wir nach Zimmertemperatur sehnen, und es ganz gerne haben wenn die Türe zubleibt.

Ist das Brot aufgegangen und die Oberfläche rissig, dann befördern wir die Laibe in den 220 Grad heißen Ofen, spritzen zwei Eßlöffel Wasser hinein, so entsteht feuchte Hitze. Bei größter Hitze backen wir fünfzehn Minuten, danach wird dreißig Minuten bei 180 Grad gefahren und fünfzehn bis zwanzig Minuten verweilt das Brot dann noch bei ausgeschaltetem Ofen.
Voilà!

6.

Vom Gelde

Der wahre Wert

Der Mensch braucht Luxus / Vom Gelde, und was man damit machen kann / Geschäftsessen / Ein Volk, das seine Wirte nicht ernähren kann ... / Der Kunde ist längst nicht so blöd ...

Der Mensch braucht Luxus

Begeben wir uns nach Labes, einem pommerschen Städtchen von fünftausend Einwohnern mit einem Gestüt und einer Hengststation. Anfang dieses Jahrhunderts hatte es durch Heirat eine musikliebende Bankierstochter aus Köln dorthin, auf ein Landgut bei Labes, verschlagen. Zweifellos ein entbehrungsreiches Dasein, gerade auch kulturell, denn außer Dorfmusikanten fürs Erntedankfest oder allenfalls einer Feuerwehrkapelle gab es weit und breit keine Musikinterpreten. Eines Tages aber fällt der Blick der Dame auf die Schlagzeile des Kreisblättchens: BEETHOVEN! Freudig erregt greift sie zur Brille: Kommt womöglich der berühmte Dirigent Bülow mit dem Meininger Hoforchester? Sie liest die ganze Zeile, und da steht: "Beethoven deckt in Labes." Vom Pferd handelt die Geschichte.

Soviel aus einer Anekdote des Schriftstellers Christian Graf Kockow. Hätte der berühmte Dirigent tatsächlich im Pommerschen konzertiert, so wäre wohl einige Hektik ausgebrochen. Die sogenannte bessere Gesellschaft hätte den Friseurladen gestürmt. Die Schneiderin hätte neue Schnitte aus den Musterbüchern empfehlen können, der ganze Ort wäre in schlußverkaufartiges Fieber geraten. Vorbereitung wie Vorfreude hätten pulsbeschleunigende Tage bereitet, und auch danach wären die Wogen nur langsam wieder im drögen Alltag verebbt. Solche Ereignisse sind heute weniger erregend. Der Musikliebhaber greift sich eine beliebige CD oder berauscht sich an Videos. Konzertgenuß ist mittlerweile Alltäglichkeit, so ist es auch mit anderen Kulturfreuden. Man darf sich fragen, leben wir in einer Wohlstandsgesellschaft oder bereits im Überfluß.

Zur Üppigkeit aber gehört auch der Verdruß, eine Grundierung von Lust- und Antriebslosigkeit, denn die Erfüllung aller Wünsche führt zu geistiger Leere. Wird Wohlleben zu Gewohnheit, wird sie als solches nicht mehr empfunden. Waren die Annoncen von Hotels und Pensionen mit fließend Kalt-Warm-Wasser vor vierzig Jahren ein Signal für Komfort, so stiften sie heute eher Heiterkeit. Wer bereits im Achtzylinder zum Kindergarten chauffiert wird, lebt kommod schon im Normalfall und kann sich nur noch erfreuen, wenn noch einiges an Entbehrlichem obendrauf kommt. Wenn nicht, so entstehen die gleichen Mangelsymptome wie bei jenen, die vom Luxus nur träumen können. Sofern man – seit Oscar Wilde, der auf alles verzichten konnte außer auf Luxus –, der deutschen Intelligenzia unserer satten Gegenwart folgen darf, befindet sich der moderne Bürger in einer permanenten Ödnis der Niedergeschlagenheit und Lustlosigkeit. Junge Menschen suchen nach Auswegen; das Bestehende wird nicht mehr akzeptiert, und die Sehnsüchte kehren sich um. Die postmoderne Heilslehre von der "Neuen Bescheidenheit" fegt selbst den halbfetten Käse aus dem Kühlschrank. Andere sondieren ihr persönliches Terrain mit Hilfe asiatischer Philosophien, mit Gurus und Sekten, drogengestützten Seelenwanderungen, und wer gar keine optimistische Idee mehr hat, der greift zum Baseballschläger, um seinen Frust zu entsorgen und sich an Unschuldigen Luft und Überlegenheit zu verschaffen.

Könnte die Ursache sein, daß auch ohne Vorsprung von Geburt, Herkunft und Bildung dem Tüchtigen alle Wege frei sind? Daß man alles erreichen kann, wenn man nur will? Beginnt es nicht auch schon damit, daß man bei der Berufswahl die eigene Fähigkeit nie erkundet hat und träumend seinen Wünschen folgt; oder sind bei allem "Way of

Life" die wichtigsten Dinge zu Bruch gegangen? Die Technik hat uns in nie erwartetem Maße Mühen abgenommen, verhilft uns zu viel zeitlichem Freiraum, und doch hat sie das geraubt, was sie uns verschaffen wollte: Die Rede ist von Muße, die sich nicht manipulieren läßt und sich allem Fortschritt sperrt. Über genügend Zeit zu verfügen, das wäre der eigentliche Überfluß, der wirkliche Luxus. Was uns über andere Lebewesen erhebt, ist nicht nur der Geist, sondern die dem Menschen eigene Kultur, das Bestreben, mit Aufwand und Umstand, mit zeitintensivem Handeln zum Notwendigen ein Überflüssiges beizugesellen. Ein weiß gedeckter Tisch mit Kerzen und Servietten, wenn ein Baumstumpf genügen würde. Beispielsweise. Vor diesem Hintergrund wird im Spannungsfeld von "Rohem und Gekochtem" der Beuys'sche Fettstuhl auch kunstfernen Zeitgenossen besser verständlich.

Mit modernem Denken kommt man dem Phänomen Zeit nicht bei, selbst superteure Chronometer bestätigen schlichtweg nur die permanente Niederlage des menschlichen Seins. Es wäre philosophisch leicht nachzuweisen, daß der Wanderer dem Sportwagenfahrer überlegen sein kann. Denn der vermeintliche Luxus hinter dem ledergepolsterten Lenkrad wirft Zweifel auf, ob die Stereoanlage etwa solche Freudengefühle liefern kann wie Vogelgezwitscher im Wald oder rauschendes Korn auf dem Feld. Die leisen Töne aber sind im Zeitalter des Cash Flow, des Großbetrugs im Immobiliengeschäft und diverser Banken, der PS-Maximierung und der Diskjockeys kaum mehr wahrnehmbar. Alles schreit, alles brüllt, umso lauter, je weniger zu melden ist. Aufmerksamkeit, so scheint es, verschafft allen lautstarkes Lärmen. Mit dem Menschen kam der Lärm auf die Welt, lärmend macht er sich wichtig, auch mit dem Geld, und mehr noch mit einem Mangel an Zeit. Minister, Manager, alle wichtigen Leute und Wichtigmacher, die Männer, auf die es in der "Tagesschau" ankommt, sie kann man an ihrem Terminkalender definieren. Sie haben keine Zeit, das macht ihr zentrales Statussymbol aus. Wer nämlich Zeit hat, ist offensichtlich nicht gefragt und begehrt, also "out" und überflüssig.

Der Mensch braucht Luxus. Im Grunde wird er erst dadurch zum Menschen. Er ist das einzige Wesen, das immerfort und mit Inbrunst das

Überflüssige pflegt, Gedichte, Opern, Kunst produziert, sich schmückt und verkleidet, die Arktis durchwandert und sogar auf dem Mount Everest für Müll sorgt... Wir berauschen uns, tanzen, spielen, feiern Feste und fühlen uns bei all dem noch wohl, obgleich doch gar nichts Nützliches und Notwendiges geschieht.

Ohne Luxus geht es nicht.

“Daher”, heißt es bei dem spanischen Philosophen Ortega y Gasset, “ist für den Menschen nur das wirklich Überflüssige, das total und wirklich Unnötige notwendig.” Wer seine Existenz hinterfragt, stößt unweigerlich auf die Elemente von Freiheit und Würde, die erst jenseits des Notwendigen beginnen. Das gilt für alle, auch für Arme und Dropouts. Obwohl es ihnen an allen Ecken und Enden mangelt, schaffen sie sich doch superbunte Turnschuhe an oder peppen ihre alte Karre mit bunten Streifen und Spezialfelgen auf. Sozialarbeiter wissen ein Lied davon zu singen. Die moderne Zivilisation mit all ihren Errungenschaften macht vor niemand halt, hat uns aber kulturell verarmen lassen. Die puritanischen Botschaften der Reformation und die des eifernden Savonarola wurden auch bis in unsere heutige Zeit transportiert, verunsichern und sorgen für Skrupel, wenn wir dem Überflüssigen Zeit und Aufwand widmen: Sei es ein Gespräch unter Freunden, auch wenn es Geschäftsabschlüssen dient, sei es das festlich-kultivierte Essen und Trinken, sei es das Spiel mit den Kindern, sei es das erotische Spiel, das nicht bloß und möglichst rasch als schlichter Quickie enden will. Wir Deutschen und auch die Amerikaner haben die puritanische Reduktion der Lebensfülle wohl in besonderem Maße verinnerlicht. Wir sind stolz auf die Früchte unseres Fleißes, unserer Disziplin und Tüchtigkeit. Da wird der abgestotterte Bausparvertrag zum eigentlichen Lebenszweck, das Ersparte oder Geld überhaupt zur Meßlatte trügerischen Wohlbefindens.

Weil wir aber sind wie wir sind, neigen wir dazu, innerlich zu verarmen – und dann am Lebenssinn zu verzweifeln. Italiener oder unsere Nachbarn, die Franzosen, sind dagegen weit besser geschützt, weil sie das *Sich-Zeitnehmen* für das Überflüssige, für die Kultivierung des Daseins, den Sinn für das Überflüssige geöffnet halten. Daher rührt sicherlich unsere Sehnsucht, den Urlaub oder das Alter in mediterranen Regionen zu verbringen. Man muß dort nicht hin, man sollte es aber auch nicht bei den Sehnsüchten belassen. Die romanischen Lebensinhalte sind auch für uns erlernbar.

Vom Gelde, und was man damit machen kann

Rot, flach und der Traum vieler Männer: Ein Ferrari Testarossa – Leder innen, Weiber noch außen, später dann innen. Das rote Rennmobil massiert die Gemütsfäden der Eitelkeit, es hebt und lüpft deren Besitzer über die Gewöhnlichkeit der Normalbürger hinaus. Was kostet die Welt? In diesem Fall bloß ein paar hunderttausend Mark. Doch schon ab vielleicht sechzigtausend Mark gibt es den normalen Mittelklasse-Fetisch, den BMW oder Daimler oder Audi.

Der blecherne Egokarren bekommt selbstverständlich "Super" in den Tank, Herrchen begnügt sich mit "Normal". Für leibliche Freuden ist das Geld knapp. Schließlich hat auch das lauwarme Wasser der Seychellen seinen Preis – der vierteljährliche Wahnsinn der Fernurlaubsneurotiker geht schwer an die Ressourcen.

Nach all den schönen Träumen, die man sich verwirklichen kann, nun zum Anwärmen des Themas ein kleiner Alptraum. Er beginnt mit einem tagnormalen Ausruf der Frau, Mutter, Oma oder des Hausmanns: "Das Haushaltsgeld reicht nicht". Es kommen aber nicht zwei oder drei zum Abendessen, sondern fünfzig oder sechzig. Jeden Abend, mittags die Hälfte! Es kommen nicht nur die brav und bescheiden erzogenen Familienangehörigen, sondern antiautoritäre Geschöpfe, mit enormer Erwartungshaltung und Ansprüchen monströsen Ausmaßes. Das Ganze sollte auch nicht im Hinterhof stattfinden, sondern in einer Villa, möglichst mit Blick auf das Meer, und hinten die Muskateller zupfenden Winzer des Tessins.

Feines Interieur muß her und natürlich Dienstboten, aber nicht irgendwelche illegalen Knechte oder Gärtner, denen schnell weiße Handschuhe über die dreckigen Pfoten gestreift wurden, wie das der verarmte Adel sich vielleicht leisten könnte. Nein, Fachleute legen Hand an: Sommeliers kredenzen in schwerem Kristall, schwarz gekleidete Herren, Damen in weiß Gestärktem sind mit poliertem Silber zugange. Man darf sie alles fragen und heißen, seinen Frust sogar abladen und endlich mal in der ersten Reihe auf den Putz hauen. Ist man mehrerer Sprachen mächtig, bekommt man höflich Antwort auf die unsinnigsten Fragen. Alles bei optimaler Contenance des Personals, in samten gedämpfter Atmosphäre.

Ja Herrgott wo sind wir?! Ist es ein Märchen aus vergangenen Zeiten der feudalen Monarchie? Ist es ein Traum? Speisen wir beim Hochadel? Nein, der kann sich das heute auch kaum mehr leisten, selbst Fürstin Thurn und Taxis wirft Ballast ab und läßt Silber unters Volk bringen. Wenn nicht der Hochadel, wer dann? Es gibt noch eine exotische Spezies, die sich den Aufwand beharrlich und stetig leistet. Es sind in Deutschland gut vier bis fünf Dutzend Wirte, Untergattung Nobelwirte, von Uninformierten beneidet, von Insidern als hirnverbrannte Idioten verhöhnt. Diese Starrköpfe haben Freude am Beruf und schaffen nicht nur Essen an, sondern müssen dazu auch noch die angemessene Umgebung liefern. Alles sollte doch bittschön wenigstens so wie das Zuhause der Gäste sein, wer will schon den Abstieg. Und wahrlich, es ist gar nicht leicht, gegen den deutschen gut verdauenden Normalverbraucher anzukacheln. Zum Beispiel auf den Toiletten. Marmor hat heut schon jeder, also muß doppelt Marmor rein. Einige wenige haben den Mut und wollen sich ins Gegenteil retten. Toiletten in Minimal Art, cool durchgestylt, nichts Überflüssiges. Am Schluß stellt sich heraus, daß das sparsam gestylte Designklo auch nicht billiger war. Ebenfalls ist es egal, ob man die Gäste in Teppichen ertränken oder auf Granit aus dem Spezialsteinbruch im Appenin stöckeln lassen will. Egal was es kostet.

Die einzige Null – so scheint's – ist der Wirt, der dann mit gesenktem Haupt das Foyer der Bank betritt und seine Jahresbilanz still vorlegt und, zu Boden blickend, dabei nicht merkt, daß die Palmen dort im Foyer schon zu welken beginnen.

Das Gerücht hält sich hartnäckig, daß die Wirte zu viel Geld verdienen. Glauben Sie mir, lieber Leser, schätzen Sie sich glücklich, wenn Ihr Lieblingswirt über die Runden kommt, Sie umsorgt und nicht dicht macht. "Ja", fahren Sie mir dazwischen, "von was kauft man sich denn eine teure Rolex und den halbvergoldeten Fünf-Liter-Mercedes, ausschließlich Schwarzgeld?" Nun, Wirte haben wenig Freizeit, sie führen also ein, wenn auch unfreiwillig, sparsames Leben und manch einer steckt seine kargen Überschüsse eben in die Uhr, die er auch abends am Herd noch besichtigen kann. Man bedenke aber, daß das landläufige Erscheinungsbild des Wirts von einer ganz anderen Fraktion dominiert wird. Der Inhaber eines Feinschmeckerrestaurants wird sich tunlichst nicht über seine Gäste erheben. Ganz anders der oft finanziell erfolgreichere Kneipier mit einem einträglichen Pilsbar-Imperium, dem meistens nichts anderes übrigbleibt als abzuheben, wenn schon die Kundschaft ganz am Boden ist. Man könnte fast sagen, die gleiche Berufsgruppe mit reziproken Inhalten.

Es gibt auch Feinschmecker, die dem Trugschluß erliegen, Kochen sei schöner als Essen. Nichts dagegen, in Deutschland gehen jährlich achtzigtausend Optimisten an Bord des bruzzelnden Dienstleistungsgewerbes. Trotzdem ist gottseidank die Statistik zum Stillstand gekommen, die gleiche Anzahl macht auch jährlich wieder dicht und wirft den Löffel. Bank, Fiskus, Sozialamt, so verläuft die Dreifelderwirtschaft der kochenden Youngsters.

Es wird zu wenig verdient, und man könnte jetzt detailliert erläutern, warum ein gutes Essen seinen Preis haben muß. Man müßte dazu Dutzende von Kostenfaktoren addieren und würde am Schluß doch einige ungenannt lassen. Der Autor käme in den Verdacht der Beihilfe zum Bankrott, denn jede gastronomische Existenzgründung hat als "Ostinato des vorsätzlichen Ruins" einige Stolperdrähte der Fehlkalkulation. Kalkulation? Wer sich jetzt immer noch zum professionellen Gastgeber berufen fühlt, macht es am besten wie alle wirtenden Verdrängungskünstler. Man lerne von seinen Kollegen, notiere sich dort die Preise. Keine Angst, der Kollege kalkuliert auch nicht. Er richtet sich nach der Belastbarkeit der Klientel. Mit der ist es aber nicht weit her, der Gast als Gourmet ist von den kleinen Hilfeleistungen des täglichen Dienstleistungsgewerbes bereits völlig ausgelutscht. Da ist nichts mehr zu holen: Wer sich eine Wasserhahndichtung zu wechseln beim Klempner

leisten kann (mit Anfahrt 84,60 DM incl. MwSt.), der muß sich einen Teil seines Appetits versagen.
Wollen wir also mal sehen, wann die Träume Realität werden.
Ich fürchte, das dürfte noch dauern.

Geschäftsessen

Die Kellner hatten am Tisch tranchiert, filetiert, dekantiert. Die italienischen Gäste hatten die erste leise geraunte Zustimmung an den Koch schon gen Küche gegeben und riefen bereits lautstark Salute. Die Stimmung stieg, allein das Dessert ließ noch auf sich warten und so wurde schon über noble Grappe tremoliert. Der Chef der Firma Bosch, sehr deutsch, hatte eingeladen, er trug darum die Verantwortung für erfolgreichen Verlauf und rief seit einiger Zeit zum finalen Prost. Immer wieder schob er an seiner Manschette, schaute ostinat und superwichtig auf seinen Chronometer und sah sich als rettender Bremsmaschinist gegen ladinischen Sittenverfall. Für ihn war schon seit einiger Zeit der Aufbruch angesagt. Der Abend kommt, Bosch geht, es schlägt die Stunde der Niedervoltlampe. Im Wald unweit der Firmenzentrale warteten bereits die angeschalteten Autoscheinwerfer auf die Beurteilung durch die italienische Kundschaft. Die Italiener aber scherte das wenig, daß Boschlämpchen heller leuchten als alles, was nach Edisons Glühfaden erfunden wurde. Das war ohnehin schon klar. Auf gut Glück ins Ungewisse zieht kein Italiener nördlich über die Alpen, das wußte bereits schon Federico Secondo im Mittelalter.
Ein weiteres Salute auf Wohlleben und Weitblick, gegen dunkle Sinne und den Rest der Welt, so hätten es die Italiener gerne gehabt. Denkste! Sie wurden aus den Sesseln gehebelt, der eine oder andere nett oder auch verlegen, jedoch insgesamt bestimmt, am Revers gepackt und zu den wartenden Taxis abgedrängt. Man fuhr ab, hinaus in die Finsternis des schwäbischen Waldes.
Bei Lichte betrachtet, die Boschlämpchen funktionieren noch, wenngleich die damaligen Gastgeber inzwischen ausgewechselt wurden, hat sich in unserem Land an der Gastfreundschaft nichts verbessert. Sie ist entweder von unbeholfener Art oder durch Geiz beschädigt, da man

nur 80 Prozent der Gaststättenrechnung absetzen kann (in Frankreich geht diesbezüglich übrigens gar nichts, und es wird dennoch gern getafelt). Uns hilft es nichts, daß wir Deutschen so verdammt tüchtig sind, beim Essen zur Beförderung des Geschäftsgangs sind andere Länder längst effizienter.

Der "Just in time"-Gedanke verstopft uns inzwischen die Straßen, aber warum muß diese Arbeitsweise auch aufs Zwischenmenschliche ausgedehnt werden? Warum müssen Millionengeschäfte mit der Stoppuhr drangsaliert werden? "Time is money", einer der blödesten Grundsätze aus den USA, ist auch dort nur eine Rezeptur der Erfolglosen, denn die sogenannten goldenen Regeln des Business werden immer an die zweite Garnitur im Personal abgegeben.

Die neuen Erkenntnisse müssen heißen: Das Produkt einer Firma muß stimmen, und alle wissen inzwischen, es gibt auf der ganzen Welt Leute, die unsere Arbeit genauso machen können. Wie man das Erzeugnis dann verkauft, das ist die inzwischen größere Kunst. Es geht um die Balance, die Balance des Alltags, der Gefühle, der Freude und des Ärgers, es geht darum, daß unsere zentraleuropäische Kultur des Zwischenmenschlichen von vielen wieder erlernt werden muß. Das Tischgespräch zu pflegen, etwas zu erzählen, Freundschaften zu befestigen, das waren schon immer die wichtigsten Verkaufshilfen.

Also Leute: rein in die Kneipe, sagt ein deutliches Ja zum Völlegefühl, zum nächstmorgendlichen Kopfweh. Kein Motor funktioniert auf Dauer bei permanentem Vollgas, auch Geschäftsbeziehungen lassen sich nicht beliebig forcieren. Die Leimruten erfolgreicher Geschäfte der Franzosen und insbesondere der Italiener werden im Souterrain der Wirtschaftswissenschaften gelegt. Auch in den USA laufen Geschäfte über persönliche Freundschaften und nach Gebrauchsanweisungen, von denen die Frauenvereine nichts erfahren dürfen. Bloß mit Joghurt, Abstinenzlerparolen und gemeinsamem Jogging läuft auch dort nichts. Es gibt Länder, in denen traut man nur trinkfesten Kameraden. Wer nach zehn Schnäpsen immer noch keinen Stuß daherredet, der wird auch seine Firma gut leiten können. Und sollten es ein paar Gläschen zuviel sein? Der Autor erinnert sich an seine Kellnerlehre, an

Prosit & Profit.

die Chefs der 60er Jahre, die ihre zugigen Büros mieden, um ihre Verhandlungen ausschließlich in Gasthäusern zu führen und ihre Kontrakte und Vereinbarungen unter dem Wirtshaustisch zu unterschreiben. Nein, das waren keine Chaosjahre, sondern die optimistische Ära des Wirtschaftswunders.

Warum muß ein Geschäftsessen als harter Dienst erlebt werden? Wegen des Betriebsrats, dem Neid in der Firma? Selbstverständlich sind Geschäftsessen Dienst, Dienst am Kunden auch und oft nicht angenehm, gerade wenn mißlungene Zusammenarbeit wieder geradezubiegen ist. Aber muß denn Arbeit wehtun, darf Arbeit keine Freude machen? Qualität kommt von Qual, so scheint es, und jeder muß das merken. Wie aber will man einem Tischgenossen vermitteln, daß man ihn mag, wenn man sich selbst nicht leiden kann? Der Miespampel ist in deutschen Büros in der Überzahl, wenn nicht sogar die Norm, sein Pestilenzgeruch liegt über unserem Land wie der Mief aus einer schlecht gelüfteten Toilette. Der aktive Typ, die Frohnatur, die im Restaurant den Ärger des Alltags verdrängt, auch des Erfolgreichen, ist suspekt, er genießt wenig Vertrauen. Vollends suspekt sind Leute, die offensichtlich über genügend Zeit verfügen. Während in Camp David in guter Luft und geruhsamer Atmosphäre regelmäßig Weltpolitik gemacht wird, geht hierzulande die Hatz auf Hedonisten ab. Gute Verhandlungen brauchen zwar nicht immer endlos Zeit, aber manchmal eben doch ein bißchen. Denn mit Geschäftsfreunden bei Tisch ist es wie mit dem Spaghettikochen: Man muß immer wieder probieren, und sind sie noch zu hart, dann muß man sie weiterkochen. Wer keine Muße hat für gründliche Geschäftsanbahnungen oder die persönliche Pflege des Kontakts zu Kollegen und Partnern, der verzichtet auf die gewaltige Kraft der scheinbar zweckfrei zugebrachten Zeit. Businesslunch ist ein Unwort. Man geht zum Essen, um sich ein Stück Erholung zu verschaffen, und ist der Grund auch ein geschäftlicher, so sollte das dennoch von niemandem wahrgenommen werden. Man widmet generös seinem Geschäftspartner einen Teil seines Tages. Warum einen guten Kunden mit einem Quickie übertölpeln? Warum dürfen einem Millionenauftrag nicht einige angenehm-atmosphärische Stunden gegönnt werden? An den Kosten kann es nicht liegen, denn eine Geschäftsverbindung, die zwischen Menükarten manifestiert wurde, hält allemal gut; sie hält womöglich selbst dann noch eine Weile, wenn die Waren nicht mehr ganz so optimal stimmen. Businesslunch ist etwas für "Looser", für Leute ohne Budget, wobei man gerade da aufpassen sollte, ob nicht das Sonderangebot genau deshalb für die Katz ist, weil der Eingeladene den Schnäppchen-Hautgout sowieso wittert. Dann schon lieber Picknick mit originellen Sprüchen und Äppelwoi. Es ist übrigens allemal besser, man geht in ein billiges Restaurant und haut dort auf den Putz, nimmt mit, was der Laden hergibt, anstatt sich im Fauteuil eines Spitzenrestaurants zu winden, als säße man bei Sotheby's und steigere auf alle Niederländer mit einem limitierten Euroscheck. Dabei geht es auch mit Mineralwasser, denn es ist oft angezeigt, gerade bei Mittagessen, sich nicht gleich mit Grand Crus abzuschädeln. Schießlich zeigen herumliegende leere Flaschen selten die Richtung an, in der es weitergehen soll. Zwei, drei Bouteilles Burgunder oder Bordeaux aber wiegen bisweilen den härtesten Esoterikkurs auf. Die psychologischen Workshops, in die viele Firmen gutes Geld stecken, deuten darauf hin, daß viele Businesskrieger an ihren Schreibtischen kampfesmatt vereinsamen, ihre Aggressionen nicht ausleben und wenn, dann am falschen Platz und zur falschen Zeit. Sie können das nicht mehr aufnehmen und umsetzen, was in Bayern ein stinknormaler Biergarten bietet: zwischenmenschlichen Erfahrungsaustausch. Der Umgang mit Menschen aber muß stets aufs Neue gelernt werden, und die Adhäsion einer Wirtshausbank ist auf alle Fälle hilfreicher als der Lotossitz in einem Buddhismus-Seminar. Denn Essen und Trinken sind des Menschen ältester Kulturbeitrag, und so definiert sich jedes Land auch über den Kochtopf. Geschäftsleute, gerade aus Asien, merken intuitiv, ob man in seiner eigenen Kultur lebt und also in sich ruht.

Gottseidank macht man sich hierzulande wieder darüber Gedanken, daß mit Töpferkursen und Seilhüpfen für ausgebrannte Geschäftsleute nicht immer ein Ausweg aus einer schwierigen Lage gefunden werden kann.

Ganz in meiner Nähe, im erweiterten Stadtgebiet Stuttgarts, ich nenne keinen Namen, wohnt ein sogenannter Powermanager. Er wird argwöhnisch beäugt, da er nicht in nebulösen Philosophien entschwebt, sondern seine Kraft aus Lebensfreude und Optimismus schöpft. Da wird schon auch mal ein schwerer Wein getrunken und manchmal auch zuviel davon. Doch in seinen Geschäften ist der Mann erfolgreich, die Aktien seiner Firma steigen stetig. Das lehrt uns: Wer Wein und gutes Essen schmäht, den mag der liebe Gott nicht, und oft ist er auch den Mitmenschen suspekt. Das aber verträgt auch die wirtschaftliche Zukunft nicht, denn je mehr wir uns in virtuelle Welten verfügen, umso wichtiger ist das menschliche Gegengewicht, und was wäre menschlicher zu nennen als gemeinsamer Genuß, bei Paste oder Perlhuhn, Rotbarbe oder Rostbraten.

Ein Volk, das seine Wirte nicht ernähren kann, ist nicht wert, Nation genannt zu werden

(Otto von Bismarck)

Jeden Sonntag machen sich Millionen Hungrige auf die vergebliche Suche nach dem Wirt, der gut kocht, aber zum Kalkulieren zu dumm ist. Der sollte möglichst noch alle Accessoires zum Wohlfühlen liefern und etwa handgeplättete Servietten mit Omas Stickereien auflegen. In der Küche werkelt dann die ganze Verwandtschaft, die Tante wirft sich ab neun Uhr morgens ans Spätzlebrett, nachdem sie die nahe Wiese geplündert und die schönsten Blumen gepflückt und in hübsche Vasen drapiert hat. So stellt sich der Gast sein Traumwirtshaus vor.

Wenn es auch wenige wahrhaben wollen: Diese Zeiten sind selbst im letzten Dorf vorbei.

Einige solche Biotope mag es noch geben. Man sollte sie aber als Geheimnis für sich behalten, es dauert sowieso nicht mehr lange, bis auch dort die Kuckucksuhr abgelaufen ist.

Gute Futterplätze, in denen Genußfreuden einverleibt werden können, sind allenthalben bekannt. Mit wohlgefülltem Geldbeutel läßt sich da viel erleben. Man kann sich aber des Eindrucks nicht erwehren, daß die Restaurantführer und natürlich auch deren Leser permanent auf

der Suche nach Spitzenrestaurants sind, in denen fürs Geld das Doppelte geboten wird.
Ich aber erkläre: Die Suche ist vergebens, denn wenn ein solches gefunden wurde, so ist's auch schon bald wieder tot. Denn "gut und billig", das geht nicht zusammen.
Zwischen der urbanen Griechenkneipe mit folkloristischer Message und der Spitzengastronomie gibt es die darniederliegende Küche der Mittelmäßigkeit. Diesem Segment wird seit Jahren der verdiente Tod vorausgesagt. Der Gourmet weiß, in diesem Terrain ist die teuerste Gastronomie zuhause. Wer sparen will, muß viel hinnehmen, wir alle wissen es: Lange Wartezeiten, bis die Bedienung kommt, die zum Frohlokken verführenden Jakobsmuscheln erweisen sich als Fertigprodukte aus der Tiefkühltruhe, der Chardonnay kommt brühwarm in einer Styroporkartusche, als könnten dadurch Wunder geschehen. Die Frage nach Eiswürfeln wird mürrisch mit dem Bescheid abgeschmettert, daß man diese für die Cola brauche und guter Wein nicht zu kalt sein dürfe. Bleibt anzumerken, daß auf der Rechnung des malträtierten Gasts letztendlich pro Person dann auch hundert Mark stehen. Was auch nicht ganz billig ist, wenn man heute mal ein bißchen sparen wollte.
Gehen wir davon aus, daß Sie mir, lieber Leser, also glauben, daß ein mittelmäßiger Abend, begleitet von ebensolchem Wein sowie Blechbesteck und Papierserviette pro Person gut und gern einen Hunderter kosten kann, so will ich Ihnen exakt errechnen, warum in einem guten Feinschmeckerrestaurant das Doppelte zusammenkommen kann. Dabei lassen wir mal ganz außer acht, was Hummer, Rehrücken und all die feinen Dinge schon im Einkauf kosten. Das wissen Sie als Hobbykoch ohnehin.
Wenn Sie ein Spitzenrestaurant betreten, sind dort schon für die Inneneinrichtung gut und gern eine Million Mark investiert worden, damit Sie als gepflegter Zeitgenosse standesgemäß untergebracht sind. Kaum ein Wirt blättert das so lässig auf den Tisch, sonst wäre er nicht Koch, sondern läge an einem Swimmingpool im Tessin. Er bezahlt also Zinsen und muß gleichzeitig auch ansparen, weil in zehn Jahren alles kaputt und die Investition aufs Neue fällig ist.

Der Raum ist geheizt, geputzt und poliert. Dienstbare Geister haben alles ins rechte Licht gerückt. Auch diese Leute sind nicht mit Bakschisch zufrieden. Nehmen Sie bitte Platz und bestellen Sie sich das große Menü zu hundertfünfzig Mark. Niemand soll jetzt erschrecken, wenn ich behaupte, daß Sie eine Maschinerie in Gang setzen, die an "Hardware" für zwei Personen hundertzwanzig verschiedene Teile beansprucht: Pfannen, Schüsseln, Kochlöffel, außerdem Teller, Servietten, großformatige, gestärkte Tischtücher, Brotkorb (wieder mit Serviette), Eiskübel (wieder mit Serviette). Alles in allem Material, das einen VW-Bus leicht füllte.

Um das zu bewältigen, braucht man gute Leute, die gute Löhne bekommen. Die Gastronomie hat die unattraktivsten Arbeitsplätze der Republik. In den letzten zehn Jahren haben sich die Löhne in der Gastronomie zwar gerechterweise um das Doppelte erhöht. Sie sind aber immer noch weit unter dem Niveau, das im Handwerk gezahlt wird. Ein Jungkoch nach der Lehre bekommt für seine schwere Arbeit und einem Zehnstundentag tariflich etwa zweitausendfünfhundert Mark. Köche, denen man nicht mehr das Messer führen muß, liegen um Tausend höher, ein selbständig arbeitender Kellner bekommt nochmal einen Tausender mehr. Sicher, Trinkgeld gibts auch. Zu beachten ist aber, daß für die Freundlichkeit einer Serviererin, die mit Trinkgeld belohnt wird, auch noch der Fiskus die Hand aufhält, ganz ohne freundliche Geste.

Man fragt sich, wie diese Branche, die als Arbeitgeber mehr Menschen beschäftigt als die Automobilindustrie, lobbymäßig vertreten ist. Da macht man lieber die Augen zu. Der einzelne Gastronom hat keine Zeit, sich um außerhalb liegende Dinge zu kümmern, denn die Stundenzahl in der Arbeitswoche liegt selbst für den kleinen Jungkoch selten unter sechzig Stunden. Wenn es mit rechten Dingen zuginge, läge dessen Gehalt dadurch bei mindestens fünftausend Mark. Um auf eine gerechte Bezahlung zu kommen, die ungefähr auf dem Niveau eines Automechanikers läge, wäre bei Nachtarbeit, Sonn- und Feiertagsarbeit mindestens eine Verdoppelung der bisherigen Tarife fällig. Selbst der einfachste Rostbraten, der gemeinhin zwischen zwanzig und drei-

ßig Mark kostet, würde ohne jeden Luxus wie etwa Stoffserviette die Vierzig- bis Fünfzig-Mark-Grenze überschreiten.
Zu den Lohnkosten kommt die technische Einrichtung, die bei heutigem aufgeblähtem Arbeitsrecht schon bei den Personalräumen und Toiletten beginnt, hinzu kommt die Kücheneinrichtung mit Herd, Kühlhäuser, Silberputzmaschine, Eiswürfelmaschinen. Die Ausstattung der Küche kostet mindestens hundertfünfzigtausend Mark. Sicher: Um gut zu kochen, benötigt man nicht unbedingt hochtechnologisches Equipment, aber wenn man es nicht hat, wird der Personalbedarf wieder größer, und der ist ohnehin schon der größte Happen in der Kalkulation. Für den rechnerisch interessierten Leser noch einige Hintergrundkosten: Berufsgenossenschaft, Steuern, Buchführungs- und Beratungskosten, die Verzinsung des Weinkellers, Kreditkartendisagio, Raumdekoration, Versicherungen, Fahrzeugkosten, Telefon und Telefax, Gas, Strom, Wasser, Wäschereinigung, Konzession. Möchten Sie noch weiteres hören?
Im Ausland wird die Arbeit der Gastronomie von uns, zwar murrend, akzeptiert, vielleicht auch, weil im Urlaub manche kostenträchtige Kapriole gestattet ist. Wer in einem Sternerestaurant in Paris nicht durch Knauserigkeit auffallen will, sollte sich für zwei Personen tunlichst mit einem Tausender ausrüsten.
Ein Restaurant, das nicht über einen guten Standort, leichte Erreichbarkeit und eine deutliche kulinarische Botschaft, ein Profil verfügt, wird in den nächsten Jahren nicht überleben können. Viele Dinge, die in den USA ihren Lauf nahmen, wurden in Deutschland Wirklichkeit, das Essen außer Haus wird da keine Ausnahme machen. Jenseits des Atlantik kann entweder für drei Dollar gegessen werden oder für dreihundert, dazwischen gibt es kaum etwas. So wird's wohl auch bei uns kommen.
Die Spitzenrestaurants in Deutschland erzielen zwar nicht die Preise, die im Vergleich mit anderen Branchen angemessen wären, sie leben aber nicht so schlecht. Von einer Krise der Gastronomie kann in diesen Gefilden nicht geredet werden, denn die Restaurants mit überzeugender Botschaft, gutem Ambiente und professioneller Arbeit haben

genug und dankbare Gäste. Dienstleistung wird aber teurer, und auf der Strecke werden die Betriebe bleiben, die auskömmliche Preise dafür nicht nehmen können, die aus dem Mittelfeld nach oben nicht durchstoßen können und sich aber auch im originellen unteren Segment der Bistros oder der ländlichen Küche nicht etablieren wollen. Der Familiensonntag wird entweder ein Fest, oder er wird in den Imbissen stattfinden müssen. Oder man macht es eben wie der Rest der Deutschen, die gerne oft essen, viel, gut, billig – und daheim.

Der Kunde ist längst nicht so blöd wie der Wirt

Mittlerweile bedienen die exquisiten Köche der Nation längst nicht mehr nur die Schickeria, die hat sich zumeist mit Fitneßdiäten auf den "Greens", ihren Golfplätzen, eingerichtet. Was blieb, sind die echten Liebhaber, denn Menüs eignen sich nicht als Statussymbol. Das stört die wahren Genießer aber nicht, ihnen kommt es nicht darauf an, daß sie in Richtung einer Schar von Bewunderern nach dem Restaurantbesuch noch grüßend aus dem Cabrio in Richtung einer Schar von Bewunderern renommieren könnten. Die achtziger Jahre spülten Köche nach oben, die sich oft mit nobler Kundschaft verwechselten. Mancher sah es mit geschwellter Brust, daß man den feinen Futterplatz als Tempel lobte und so den Schluß nahelegte, daß in einem Tempel auch ein gottähnliches Wesen hause. So wurde mancherorts aus Essensfreude ein aufgeblasenes Talmigewerbe, und man war bestrebt, wie bei einer Religionsgründung, den Ritualen eine komplizierte Form zu geben. Während der geübte Freßsack seit je den Hummer so bequem wie möglich auseinanderriß, predigen Benimm-Pastoren heute noch, wie man sich am Altar der hohen Gastronomie durch gestelzte Rituale selbst erhöht. Wirkliches Genießen findet aber dann statt, wenn das Wesentliche von Überflüssigem befreit wird und also auch überflüssiges Renommiergehabe unterbleibt.

Die gehobene Gastronomie wird immer mehr von Leuten bevölkert, die nicht unbedingt einen prallgefüllten Geldbeutel besitzen. Hat doch erst neulich die Süddeutsche Zeitung berichtet, daß die Linken besser äßen als die Konservativen, auch wissen Branchenkenner von exzessiven Weinproben ehemaliger Redakteure der alternativen "tageszeitung". Gewiß, alle Freuden der Welt kann sich niemand leisten, und für manchen fällt die Auswahl erschreckend gering aus. Doch junge Leute kochen gern und immer besser zuhause, für den Restaurantbesuch wird schon mal gespart. Dieser Trend führte dazu, daß wie in der Oper die Jeans zur Gourmet-Dienstkleidung avancierten. Das ist gut so und die Kollegen, die immer noch am alten Regularium festhalten, residieren mittlerweile einsam und hochelegant bei künstlich gesampeltem Streichquintett oder den Vier Jahreszeiten von Vivaldi. Wer es nötig hat, mit aufgeblasenem Gehabe seinem Restaurant einen eleganten Anstrich zu geben, und wer das Wörtchen "fein" zur Leitvokabel seines Wirtedaseins macht, der ist inzwischen nicht mehr von dieser gastronomischen Welt. Die Kundschaft hat von all den "Fakes", den Falschschmeckern, die Schnauze voll, auch der Feinschmecker ist out und sollte nur noch als Begriff aus einer fernen Vergangenheit gehandelt werden. Die Gäste haben den Wirt überholt. Inzwischen ist die halbe Welt italophil, und das hängt zum großen Teil damit zusammen, daß es dort den Feinschmecker nicht gibt, sondern den Buongustaio, den Gutschmecker. Gut wollen wir das Essen haben, und schmecken muß es. Dazu braucht es kein Trompe-l'oeil von Saucen oder den Puderzuckersturm auf schwarzem Porzellan, der doch meist nur den verschmierten Teller verbirgt. Unsere Sinne ließen sich dem Zeitgeist gemäß verbiegen, aber Zunge, Gaumen und Magen haben ein ausgezeichnetes Erinnerungsvermögen – selbst die Kids, die durch Ketchup und Junkfood nahezu als verstümmelt angesehen werden können: Irgendwann bricht der gesunde Instinkt doch wieder durch. Die nun nachwachsenden Kinder haben es allerdings schwer, sich durch die Irrtümer unseres Fast-Life durchzuessen. Auf der einen Seite wissen sie nicht mehr, wie Petersilie schmeckt, auf der anderen Seite sind aber ernährungsbewußte Eltern unermüdlich bemüht, die Kleinen an nitratfreien Kopfsalat und Spaghettisauce aus echten Tomaten hinzuführen. Diese löblichen Bemühungen werden sträflicherweise kaum von der gehobenen Gastronomie unterstützt. Es wird dort auf Pumuckl- und Mickymaus-Teller verwiesen und derselbe Murks serviert wie in den Fastfood-Läden. Guter Geschmack ist nicht bei der Mehrheit, und so wird Essen selbst dann elitär bleiben, wenn es nur zu unverfälschtem Schweineschmalz und Brot reicht. Die nachwachsenden Gutschmecker hatten aber spätestens dann ihre Appetithemmung auf Fleischburger, als kritisches Denken einsetzte. Sie hinterfragten, wie und wo das Fleisch erzeugt wurde. Viele sind deshalb berechtigterweise auf den Vegetarismus verfallen, aber die subtilere Art wäre, das Fleischessen als besonderes Ritual zu sehen. Es darf der Einwand gewagt werden, daß Leute, die aus Tierliebe zu Vegetariern wurden, sich aus der Verantwortung stehlen. Denn schuld an den Skandalen ist der Verbraucher. Fleischessen verlangt Achtung vor der Natur, meinetwegen mit dem Gedenken an Tieropfer. Würde man sich an Großmutters Zeiten erinnern, als man vor dem Sonntagsbraten noch das Kreuz schlug, wäre manches gewonnen und mit der Massentierhaltung schnell Schluß.

Über solch kritische Gedanken hält man sich in Frankreich den Bauch und von Biovegetabilem nimmt man sowieso kaum Notiz. Was die Gourmandise und die damit zusammenhängende Ethik anbetrifft, geht es in Deutschland bergauf und in Frankreich rasant zu Tale. Deutschland ist, was die Ernährung anbelangt, das kritischste Land der Welt, und das bekommen nicht nur die Fleischabteilungen der Supermärkte zu spüren. Auch in den Bioläden tut sich Revolutionäres, und die ehrliche Gastronomie stellt sich auf die neuen Bedürfnisse ein. Viele Anhänger der "Müsligeneration" sind aus den Körnern raus und haben ihre nachdenkliche Nahrungsbeschaffung auf Delikateres verlegt, denn sie wissen, daß Gesundheit nur in dem Körper beheimatet sein kann, der auch Heimat bietet. Diese Klientel ist von einfältigen Wirten nicht mehr bei Laune zu halten, und oft weiß der das Glas schwenkende Kunde mehr über Wein, Zigarren und sonstige Fragen höherer Alimentation Bescheid, als der auf seinem Titel selbstzufrieden niedergelassene Sommelier. Restaurants mit solcherlei Fachpersonal garantieren nicht unbedingt Behaglichkeit. Manche der oft viel zu jungen Titelträger wollen zur Pflege ihres Ego jedem Gast ihr komplettes Wissen überstülpen. Da geht so manchem Trinker die Luft aus,

überhaupt dann, wenn er öfters tafelt und jedesmal eine ähnliche Leier vernimmt. Es stimmt, den wissensdurstigen, allzugründlichen Gourmetfreund gibt es auch. Der Restaurantneurotiker ist wieder im Kommen, der nicht Instinkt und Hingabe walten läßt, sondern auf seine ins Hirn verpflanzte Festplatte zugreift. In der Tat läßt sich mittels auswendig gelernter Weinetiketten effizient brillieren, mancher Sommelier ist allerdings diesbezüglich auch nicht besser als der Amateur-Weinwisser am Tisch. Restaurateure, die um ihren Platz in den Charts ringen und den Beruf als Sportart begreifen, können kaum Behaglichkeit bieten, und die ist wieder ein gesuchtes Gut. Wohlige Futterplätze zu finden, ist nicht leicht, selbst dem Rat von Freunden folge ich da nicht mehr, zu viele haben sich bereits als Banausen erwiesen (sage mir welches Restaurant du liebst und ich sage dir...). Andererseits gilt: Ein gewisses Risiko macht das Leben spannend. Wer aber nur einmal im Jahr ins Restaurant geht, darf sich nicht wundern, wenn dreihunderttägiger Erwartungshaltung kaum ein Betrieb standhält. So einfach ist Heimat und ein warmer Platz auf der Ofenbank nicht zu erlangen. Der Drang zum Stammlokal ist wieder virulent, man will erkannt werden und auch seine kleinen Marotten pflegen dürfen. Man will wieder dorthin, wo der Wirt eine wahre Botschaft hat. Es ist wunderbar, mitansehen zu dürfen, wie der Tex-Mex-Taco-Schuppen pleite geht, weil der Betreiber gar nicht weiß, wo Mexiko liegt, da er Programm wie Ausstattung von einem Franchisegeber bezog. In den Fachgazetten der Branche werden beständig neue Trends für Wirte ausgemacht, die nicht wissen, woher sie kommen und wohin sie wollen. Große Hotels dekorieren alle zwei Jahre um, dennoch läuft bei ihnen nichts. Die Asienwelle ebbt bereits ab, da die Kundschaft ihr Asiafood direkt in Thailand zu sich nimmt und nicht auf Plagiate hereinfällt. Der Kunde ist längst nicht mehr so blöd wie der Wirt, der Markt bereinigt sich selbsttätig, und nicht jedem X-beliebigen Trendsetter ist Erfolg beschert.
Wer sich aber nie um Trends gekümmert hat, der lag auch nie ganz falsch. Denn das ehrliche Gastgewerbe läßt sich nicht revolutionieren, es ist genauso altmodisch wie unsere Eßgewohnheiten. Denn der Magen liebt keine Innovationen.

7.

Fette Zeiten, magere Zeiten

Deutsche Fragen

Der Sonntagsbraten / Von fetten Zeiten / Genuß und Moral / Gerechte Empörung über den Wasserwahn / Vincent Klinks Rübenwurf / Grüne Küche / Meine Liebe zum Risotto

Der Sonntagsbraten

Während sich die Eltern im Bett womöglich noch um weitere Nachkommen bemühten, war mein Bruder mit mir bereits beim Kirchgang. Wir Buben hielten fest am kleinstädtischen Brauchtum, um der Pfarrgemeinde und den örtlichen CDU-Mitgliedern den Nachweis zu liefern, daß in der Tierarztfamilie die Sitten im Lot und die Tradition behütet seien.

Klar, daß die Schuhe viel zu eng waren, der Bleyle-Anzug unerträglich piekte und an unseren pubertären Wadenhärchen zupfte. Im Winter huschten wir frierend durch die Gassen. Im Sommer war es wesentlich verdrießlicher, wir schwitzten wie verrückt, was den feinmaschigen Wollanzug noch mehr an unseren Beinen kleben ließ. Auf Linderung hoffend, staksten wir steifbeinig wie Gary Cooper und in möglichst wenig erhitzendem Paßgang der Ursache von Folter und Übel entgegen, der Pfarrei St. Franziskus. Es waren die Zeiten, in welchen man erst neue Kleider bekam, wenn die alten aus den Nähten platzten. Alles war zu eng, nicht viel anders drängten sich die Dächer über den Gassen, sie bogen sich über unseren Weg wie Wärmehauben über ein duftendes Menü, denn aus Fenstern und Türen drang erquickendes Odeur.

Oma kocht.

Die Gerüche vom Sonntagsbraten zogen übers Pflaster wie ein feiner Bodennebel. Das verstärkte die Qual des Kirchgangs ungemein und addierte sich zu allem Malheur auch noch zu Magenkrämpfen. Ungehindert lief das Wasser im Maul zusammen. Zum Frühstück hatte es eh nicht gereicht, und der Magen, das unbestechliche Barometer des Wohlbefindens, klagte rumpelnd vor sich hin. Das waren die Momente, in denen ich den Entschluß faßte, Koch zu werden. Mein Lehrherr hatte bleibende Eindrücke als Feldkoch im Dritten Reich gewonnen, es war kein Mangel an disziplinarischen Etüden, und mit diesen wurden auch die altmeisterlichen Rezepturen des unterschiedlichen Fleischgarens gepaukt. Wenn der Lehrling auch nicht an die großen Bratenstücke rühren durfte, so mußte ich doch die dazugehörigen Garnituren, das Wurzelgemüse, die Gewürze und den Ablöschfond herrichten und bereitstellen. Damit ich's bis heute nicht vergaß, dafür sorgten reichlich Backpfeifen.

Heute ist das anders, und der des Bratens harrende Wirtshausbesucher hätte wahrlich allen Grund, oft in die Küchen zu stürzen, um die Köche zu watschen: Im Zeitalter des vakuumierten, anonymen Fleischschrotts, des Kurzgebratenen, der Steaks, Medaillons und Tournedos und des Brandgeruchs der nachbarlichen Grillparty ist er reichlich entehrt und in Vergessenheit geraten, der Schmorbraten. In den Gasthäusern hängt er allenthalben über die Teller und ist mit dicker Sauce verfestigt, um der Kurvenschräglage der hurtigen Bedienerin standzuhalten. Er ist längst nicht mehr das, was er einmal war. Der Braten degenerierte zur braunen Schande deutscher Nation. Wenn dies schwerverdauliche Unglück, das nach dem Schnitzel (Schande dito) des Deutschen Leibgericht ist, dann passen dazu in der Tat Rauhputz, Dreschflegen und womöglich eine braune Gesinnung samt Wagenrädern an der Bretterdecke, auf die man statt putzigen Lämpchen besser den Koch geschnallt hätte. Ja, Ihr Traditionalisten, hört her! Da verkohlen Fleischbrocken im verbrannten Fett. Die reine Brandschatzung. Dann Wasser drauf, daher das Fachidiom *ablöschen*. Nun wird gut durchgekocht, entweder zu wenig, so daß es innen noch roh ist, oder aber dermaßen eifrig gesotten, daß sich alles von selbst auflösen will. Viele

Wege führen zu Potte, und wo die Not am größten, ist die Hilfe am nächsten, der ambulante Service der Knorr- und Maggivertreter leistet erlösenden Beistand, um die Wasserbrühe standfest zu machen, die dann gnädig das zerfaserte Fleisch bedecken soll (Fachausdruck nappieren), so daß man den Eckpfeiler der deutschen Küchentradition getrost in Formen gießen und unzerstörbar auf dem Sockel zentralgermanischer Unkultur verankern könnte.

Genug des Lamentos, begeben wir uns auf einen denkmalpflegerischen Spaziergang, um zu vergessen und alte Werte wieder ans Licht zu fördern. Was war in den engen Gassen, hinter den sonntäglichen Türen mit den messingpolierten Klingelzügen los? Dort rumorten gestandene Hausfrauen mit Ausdauer in Küche und Speisekammer und waren die meiste Zeit des Morgens mit dem Lösen des Bratensatzes beschäftigt. Ein guter Schmorbraten findet im Gegensatz zum Spieß- oder Grillbraten oder dem "Rôti au four" im Topf statt und ist der Triumph der Langsamkeit und ein Plädoyer für Geduld und Umsicht. Er hat kein jugendliches Image und ist, wen wundert's, eine Domäne der Großmütter, allerdings nicht bei der Sorte Frauen, die in magentafarbenen Emanzipationsklamotten und Joggingschuhen uns die ewige Jugend vorhechelt. Guter Braten gelingt nicht nur mit gedecktfarbenen Kittelschürzen, sondern entscheidend sind ein gemächliches, behutsames Naturell und rechtzeitiges Beginnen. Nichts ist übler als ein halbgares Stück Fleisch, auf das bereits die Gästeschar harrt. So ist es besser, wenn man eine Stunde zu früh dran ist und notfalls den Braten noch geraume Zeit bei lauem Feuer am Herdrand verweilen läßt.

In jedem Rezeptbuch dröhnt beim Kapitel Braten der Donnerschlag: *Von allen Seiten scharf anbraten.* So das allgemeine Kommando, als wolle man ein Stoßgebet zum Himmel richten, um dem großen Stück Fleisch die Schrecken zu nehmen und es par force besser zu überwältigen. Ganz nebenbei tut es als Braten auch ein kleines Stück, wenn der Topf dementsprechend gewählt wird. Grundsätzlich, das trifft auch auf den Rostbraten oder das Schnitzel zu, sollten Topf oder Pfanne gerade so gewählt werden, daß das Fleisch knapp darin Platz hat. Liebstes

Fleisch ist mir die Schulter, vom Rind, vom Kalb, vom Schwein oder Lamm oder gar vom Wildbret (bret = Braten), es ist immer die gleiche Choreographie der Zubereitung, auch bei einer fettdurchwachsenen Hochrippe, die normalerweise kurzgebraten wird. Pfeffern, salzen und mit etwas Speiseöl von allen Seiten anbraten. Es sollte keine Flüssigkeit austreten, sondern das Stückchen soll bequem vor sich hin bruzzeln. Es geht darum, die Poren des Fleischs zu schließen und auch darum, keine verbrannten Fette entstehen zu lassen. Wir alle kennen den unerträglichen Pommesgestank von verbranntem Fett. Wenn die ganze Wohnung danach mieft, so können Sie versichert sein, daß der Braten auch einiges davon abbekommt. Klar ist, daß verbrannte Fette widerlich schmecken, ungesund sind, und daß obendrein die Fettdämpfe alles imprägnieren, was sich in der Küche befindet, auch die hektisch agierende Köchin oder den Koch. Großes Herdfeuer hat etwas von Kampfgetümmel, und selbst jungen Berufsköchen muß man erst einmal diese Hektik abtrainieren, die nur auf den ersten Eindruck tüchtige Überlegenheit suggeriert.

Es ist nun Zeit, eine Handvoll würfeliges Wurzelgemüse, Zwiebeln, Sellerie, Karotte beizugeben, nochmals kurz die Temperatur zu erhöhen und bei offenem Deckel das Gemüse zu rösten. Dann wieder den Deckel drauf und zurück zum Rubato des Bratenwendens. Nun beginnt die bedächtige Rhythmik des Küchenwerkelns. Der Braten gibt Saft ab, der im Topf Dampf entstehen läßt. Da alles ganz sanft geschieht, entweicht nicht viel am Deckel, der tunlichst dicht schließen sollte. Der Dampf kondensiert im Inneren und fällt dann in Tropfen wieder auf den Braten zurück. Es gibt Bratenkasserolen, die in der Deckelmitte eine Vertiefung haben, meist unter dem Griff. Wer es ganz perfekt machen will, kann hier Eiswürfel hineingeben, welche die Dämpfe noch besser kondensieren. Der Topf sollte aus dickwandigem Eisen sein, so daß sich die Hitze gleichmäßig verteilt und ein harmonisches Klima gehalten werden kann. Nach wie vor muß die Temperatur soweit gedrosselt sein, daß alles brät, aber trotzdem nicht kocht und nur wenig Saft austritt. Für die richtige Abstimmung braucht's etwas Übung. Der Anfänger muß also öfter den Deckel lupfen und sich Über-

blick verschaffen, während für den Routinier alle zehn bis fünfzehn Minuten das Kratzen am Kasserolenboden fällig wird. Ab und an muß das Fleisch mit etwas Brühe angegossen werden. Die Brühe sollte ungesalzen sein, denn über die Stunde hinweg muß man mit ca. zwei Kaffeetassen Flüssigkeit rechnen, die sich reduzieren und dem Bratenfond womöglich zuviel Salz bescheren.
Man fragt sich, ob nicht leichteres Hantieren mit Unterstützung des Ofens zu bewerkstelligen wäre. Mit dem Deckel drauf, damit das Fleischlein nicht austrocknet, wäre nichts dagegen zu sagen, doch der Energieverbrauch ist wesentlich höher und das Deckellupfen, Bratensatzlösen und Kontrollieren sind ungleich lästiger.
Wir alle haben schon etwas vom Niedertemperaturgaren gehört, insbesondere die Jünger Wolfram Siebecks schwören darauf. Diese Technik funktioniert nur bei edlen Teilen, die für Rosabraten ideal sind, aber nicht beim Schmorbraten: Das Eiweiß des Fleisches gerinnt zwischen fünfundsiebzig und achtzig Grad. Die alte Methode, ein Roastbeef zu braten, war die, daß man ca. eine viertel bis halbe Stunde im knallheißen Ofen das Stück brät und danach an einer lauwarmen Stelle ziehen läßt, so daß sich die rohen Säfte des Fleischkerns mit den gegarten der äußeren Bereiche austauschten. Blut muß also fließen. Bei der Niedertemperaturtechnik werden von allen Seiten die Poren geschlossen und dabei soll die Gerinnungstemperatur nicht überschritten werden – langsames Durchwärmen. Wenn allerdings die Eiweißgerinnungstemperatur nicht erreicht wird und das Fleischstück stundenlang im Ofen vor sich hinbrütet, kann es auch zu Gärungen kommen oder, schlimmer noch, zumWachstum bestimmter hitzestabiler Bakterien. Die Folge: Die Gourmets zieht es von den Stühlen direkt zum WC.
Soviel zum Niedertemperaturbraten, das ich nicht sehr favorisiere, da stundenlanges Ziehen bei achtzig Grad nicht nur die oben genannten Gefahren birgt, sondern auch ausgiebig die Nachbarn mit köstlichem Duft versorgt. Und das bedeutet: Wenn Wohlgeruch beim Nachbarn appetitanregend ein herrliches Essen annonciert, kann das Aroma sich nicht mehr im Topf befinden. Wir halten es also lieber mit gesundem Egoismus und versuchen, den Duft bei uns zu bewahren.

Nach einer Stunde kann man mit einer Stick- oder Spicknadel probieren, ob sie sanft ins Fleisch gleitet oder selbst beim Herausziehen noch Mühe macht. Zu oft sollte selbst der größte Zweifler nicht ins Fleisch stechen, denn jedesmal entströmt durch den Einstichkanal Fleischsaft, der zwar die Sauce anreichert aber das Fleisch austrocknet. Die letzte Viertelstunde geben wir noch Gewürze wie Lorbeerblatt, einige gestoßene Pimentkörner und, bei Belieben, gehackten Knoblauch zu. Will man den Braten als Urlaubserinnerung an Südfrankreich oder Italien genießen, dann empfehlen sich Thymian und Rosmarin.

Die Endphase des Bratens dient auch der Saucenbereitung. Das Fleisch mit kräftigem Rotwein untergießen, aber nicht zuviel. Die Unmengen Sauce, die der Deutsche so liebt, sind erst nach der Erfindung des Saucenpulvers aufgekommen, traditionell gibt es für jeden Esser einen Eßlöffel Sauce. Das ist zwar wenig aber intensiv und tapeziert nachhaltig das Maul. Vor dem Anrichten wird die Sauce entfettet, man kann danach die Gemüsestücke und Kräuterzweige absieben, oder man läßt sie drin und serviert sie mit.

Wer vom Rezeptlesen schon ermattet ist, dem sei gesagt, daß der Beruf des Bratenwenders ein hochangesehenes Image hatte: Dem Handwörterbuch des deutschen Aberglaubens kann man entnehmen, daß bereits die Zwerge und Unterirdischen mit Vorliebe den Topf mit Braten ehrten.

Es gibt sicher noch viele andere Möglichkeiten, zu einem guten Braten zu kommen, wobei die Suche nach einem Gasthaus des Vertrauens das schwierigste Unterfangen ist. Die Zeiten sind nicht mehr so, wie sie der Autor als jugendlicher Kirchgänger in Erinnerung hat, als er mit dem Bruder nach dem Kirchgang nicht nach Hause ging, sondern schnurstracks zur Oma. Die Großmütter sind inzwischen "out of business". Man muß also selbst an den Herd und kann nicht mehr wählen wie die beiden Buben auf dem Weg zum Sonntagsbraten.

Von fetten Zeiten

Lang liegen die Zeiten wohl nicht hinter uns, als die Schönheitsideale noch umgekehrt definiert wurden als heute. Vor hundert Jahren wollte der Mann seine *Dicke*. Die zaunlattendünnen Idole der Modewelt unserer Tage galten nichts, denn man hätte fürchten müssen, sie nicht durch den Winter zu bringen. So gesehen ist das gegenwärtige Schönheitsideal ein Resultat des Überflusses und satter Zeiten.

Fett in Form von Olivenöl war bereits in biblischen Zeiten das wichtigste Erzeugnis der Landwirtschaft rund ums Mittelmeer. Und was im Süden das Olivenöl, ist jenseits der Alpen das Schweineschmalz. Fett bedeutet pralles Leben, Leben schlechthin. Weswegen der deutsche Künstler Joseph Beuys seine Arbeiten während einer langen Periode seines Schaffens mit den 'Kräften' des Fetts versah, meist in der widerstandsfähigen Form von Rindertalg. Auch für ihn galt Fett als ein Symbol für Leben und Überleben.

Die heute übel beleumdeten Fette standen in früheren Zeiten in höchstem Kurs. In ländlichen Gegenden Süddeutschlands kämpften die Menschen damals dermaßen mit Hungersnöten, daß in harten Wintern die Felder nach Mauslöchern abgesucht wurden, die dann aufgegraben wurden, damit die Hungernden an die Vorräte der Feldmäuse gelangten. Kein Wunder, daß diese Vorratswirtschaft auch dick machte, Überlebenssicherheit gab und ungemein beliebt war. Schmalz, das Allround-Schmiermittel des Wohlbehagens, Schmalzgebackenes, das Gebäck aus heißem Fett entstiegen, deutete auf Reichtum hin und gab den Festlichkeiten Glanz. Allerdings waren diese Freuden dem auf Sparsamkeit eingestellten Gewissen des braven Bürgers und Bauern nur zur Fastnachtszeit und an Festtagen ohne Hemmnis gestattet. Im Anschluß an die närrischen Tage war die Fastenzeit angesagt, lange Tage des Beichtens und Büßens.

Es mag sich vielleicht erstaunlich anhören, aber im kargen Ackerboden und im rauhen Klima der deutschen Mittelgebirge sind die Ursachen des deutschen Geistes und Wesens zu suchen. Kaum jemand hatte damals eine unbeschwerte Existenz, sondern nur mit Vernunft, Sparsamkeit und Einteilung der Vorräte war das Leben zu meistern. Es lag nahe, dieses Mangeldasein über Religion schön zu reden. Aus dieser unseligen Mischung ließ sich leicht ein gedanklicher Weg zum Protestantismus finden, der das gesamte Erdendasein als permanente

Fastenzeit installieren wollte. Dieses ideologische Sortiment war der folgenreichste Exportartikel, der mit den Auswanderern nach Nordamerika gelangte. Die Saat gedieh enorm, und die Reimporte haben uns das 'Junkfood' nicht unverdientermaßen beschert, bei jedem Biß büßen wir all unsere gehabten Sünden in Worten und Werken.

Genuß und Moral

Daß der Mensch Luxus braucht, ist bekannt, unbekannt ist dessen Dimension. Groß ist die Zahl jener, die sich über einen farbenfroh gehäkelten Klopapierschoner auf der Hutablage im Auto freuen, bei anderen braucht's mindestens einen Urlaub auf den Seychellen. Art und Ausmaß des Lustbefriedigungsobjektes mögen also unterschiedlich sein, die Qualität der Freuden kann die gleiche sein. So ist es auch beim Essen. Soll gutes Essen das Dasein erhöhen und die Befindlichkeit befördern, so kommt es zunächst darauf an, was man ißt. Es beginnt also mit der Auswahl der Lebensmittel und der Suche nach wahrer Qualität, ob bei schwarzer Wurst oder dem Lammrücken ist allerdings unerheblich. Man macht sich Gedanken, und indem das Bewußtsein in Gang kommt, entstehen Besinnung und Kontemplation und später das Behagen beim Essen. So kann ein Vesper bereits den Tag erhöhen. Die Qualität machts, dazu das bewußte Abwägen zwischen Wertigkeiten. Also flaniert der wahre Gourmet zwischen allen Lagern, besonders in jenen Landstrichen, deren mildes Klima seit Generationen den Lebenskampf erleichterte, oder dort, wo das Herdfeuer in der Nähe von Weinbergen brannte.
Denn Daseinsfreude kommt leichter auf, wenn die Widrigkeiten der Welt nicht mehr ganz so klar zutage treten, wenn die Wirkungen des Weins das harte Dasein heiter mildern. Dem indessen steht für manche Zeitgenossen das Gebot der Nüchternheit entgegen, sie stemmen sich mit Macht gegen die Verlockungen der Ausschweifung. So hat das Gewissen auch mit Eßkultur zu tun. Freude und Sünde stehen nah beieinander, Gott sei's geklagt, wenngleich wir ihm zugute halten, daß er solche Liaison bestimmt nicht in der Schöpfung installiert hat. Da waren andere am Werk.

Was für den benediktinischen Mönch das Unterlaufen des Zölibatsgelübdes sein mag, könnte für einen hartleibigen Pietisten ein Restaurantbesuch sein. Letzterer wird bei Entdeckung übrigens nicht geahndet. Könnte aber, zugegeben, weniger Spaß bedeuten als ersteres. Es liegt also die Schlußfolgerung nahe, daß eine größere Sünde auch mehr Gaudi bereitet. Der Connaisseur nickt zustimmend, und wir widmen uns weiter dem schlechten Gewissen.

Es ist sicher nicht nötig, mit vollen Backen an die Hungernden Äthiopiens zu denken. Der genußgestörte Trauerkloß bei Tisch hilft niemandem, also auch nicht jenen, die man früher arme Neger nannte, denn die werden durch Gram bei Tisch nicht satter. Moralisch mampfen, geht das? Wenn einer im Gourmetrestaurant – womöglich gedankenlos – zu Weihnachten Himbeeren aus Südamerika verspeist, setzt er einige Indios ins Brot – gut oder schlecht, moralisch oder nicht? Wir leben immer weniger in einer demokratischen oder Dienstleistungs- und mehr und mehr in einer Transportgesellschaft. Die Kontinente rücken näher zusammen, Lebensmittel werden immer und überall verfügbar, es verschieben sich die kulinarischen Jahreszeiten, ja, es wird sie womöglich bald gar nicht mehr geben. Was wie ein Gewinn scheint, mindert aber auch die Freude, immerhin sind die Hochgefühle durch weihnachtliche Himbeeren mit einem Jubelverlust dann im Sommer wohl verbunden. Gut oder schlecht, Gewinn oder Verlust? Andererseits wird mit Lebensmitteln aus der dritten Welt ja auch wieder Entwicklungshilfe betrieben, was auch sinnvoll sein kann. Die Menschen dort produzieren also und verkaufen, was zweifelsohne mehr Motivation für sie bedeutet als in der Armenküche einen Schlag Hirsebrei zu empfangen.

Der nachdenkliche Gourmet (eine seltene Spezies) wird dies alles erwägen. Aber so falsch es ist, gerade dann vom Abnehmen zu reden, wenn im Restaurant fein aufgetragen wird, so muß nicht vom Durst in der Sahelzone die Rede sein, wenn der Wirt einen Wein entkorkt. Alles zu seiner Zeit und nicht so viel betroffen reden, bedenken, hadern und sich der kleinen Freuden des Daseins berauben, sondern handeln, mit den eigenen Mitteln helfen und abgeben. Und dann kann man sich

selbst auch Gutes tun. Nur wer sich selbst Genuß gönnt, kann auch anderen Freude geben. (Amen.)
Griesgrämig sind sie gewiß nicht alle, die deutschen Esser, aber moralisch mitunter ein bißchen verschroben. Jedes sinnlose Hobby samt Extremoutfit ist erlaubt, vom halterlosen Bergsteigen bis zum Gummiseilplumpsen vom Kran. Ohne heftiges Nachdenken wird geduldet, daß in fernen Ländern ganze Landstriche von Touristen geschleift und vermüllt werden. Doch just wer brav zuhause bleibt und sich bloß ab und an den Bauch genüßlich füllt, der gilt als Egomane, wird in die Ecke der verantwortungslosen Ausbeuter natürlicher Ressourcen gestellt, als gewissenloser Hedonist gescholten.
Na dann, in Gottes Namen.

Gerechte Empörung über den Wasserwahn

Der Wasserwahn ist infolge massiven Werbedrucks sehr am Sprudeln. Das ginge ja noch, schlimm ist nur, daß ein Großteil der Konsumenten darauf reinfällt. Die Gesundheitsbugwelle, die die Medien über das tumbe Publikum schiebt, wird immer größer. Minerale, Aufbaustoffe, Vitamine, man will uns wohl darunter begraben.
Wieviel Gesundheit braucht der Mensch eigentlich? Wenn man es in Geldsummen mißt, reichlich viel. Im Zeitalter des Wachstums glauben viele, daß Gesundheit mit den Investitionen in gesunde Lebensmittel zu tun hat. Zum großen Teil stimmt das auch. Andererseits wäre auch weniger mehr. Viel hilft viel? Wem am nächsten Morgen nach der Disco der Schädel brummt merkt gleich: Zuviel Libre! Was aber im gutgemeinten Gesundheitswahn zuviel gebunkert wird, das merkt man nicht gleich.
Was wir brauchen, ist vor allem seelische Gesundheit. Die war vielleicht in früheren Zeiten reichlicher vorhanden als heute. So kamen die Menschen auch ganz gut über die Runden, wenn sie nicht durch mangelnde Hygiene und Infektionen dahingerafft wurden. Wenn man den Aussagen der Verantwortlichen Glauben schenken darf, so ist unser Trinkwasser ziemlich rein. Ob spritziges Mineralwasser einen alten Greis wieder jung macht, ist nicht ganz sicher.

Ein aus gepflegter Flasche kredenztes Mineralwasser mit wenig Kohlensäure ist aber auf alle Fälle ein guter Begleiter durch den Tag und zum Wein sogar unabdingbar. Der harte Weinfreak der sechziger Jahre mied das Wasser und hielt sich in munterer Taktzahl an seine Viertele. Das leicht gerötete Gesicht, der Teint um die Nase herum legen davon noch Zeugnis ab. So könnte dann und wann ein Glas Wasser vielleicht wenigstens diese Wirkungen verdünnen.

Heute jedenfalls wird aber aus bekannten Gründen nicht mehr soviel Wein getrunken wie damals, dafür aber auch bessere Gewächse. Wir haben von Frankreich und Italien gelernt, daß Wasser zum Wein das Wohlbefinden abrundet. Alles richtig, aber wie so oft wird alles übertrieben. Richten wir unseren Blick nach den USA. Nichts gegen amerikanische Feinschmecker, nichts gegen Silicon Valley und meinetwegen Hamburger. Wenn aber die Mineralwasserbranche laut dröhnt, Mineralwasser sein "in" und "en vogue", und wer Alkohol trinkt sei unbelehrbar und völlig "out", dann muß man sich rühren.

Ist's denn einem deutschen, sich redlich bemühenden Wirt, der diesen Stuß auch noch aus den Gastronomie-Zeitschriften entnehmen muß, zu verübeln, wenn er ausrastet? Jawohl, ich gerate außer mich, wenn ich das von amerikanischen Frauenvereinen zur Kampfvokabel mutierte Wort Alkohol nur höre. Was trinken wir denn, Isopropylalkohol, Spiritus etwa? Wir trinken Wein oder Bier oder Champagner, niemand trinkt Alkohol.

Wenn deutsche Werbefuzzies diesen puritanischen Stuß auch noch aufpolieren und glauben, uns mit Sprüchen über "Sparkling Water" besoffen reden zu müssen, so daß wir gar keinen Wein mehr brauchen, sondern vom Sprudel irr und lallend durch die Gegend torkeln, dann ist das Maß voll, da trink ich lieber Hahnenwasser.

Vorletzte Bemerkung: Feinschmecker trinken zum Wein immer ordentlich Wasser. Das sollte für die Mineralbrunnenbranche genügen, da braucht es keine Genußbarbaren aus der amerikanischen Blaukreuzfraktion, die uns erzählen wollen, was "in" oder "out" ist.

Letzte Bemerkung: Leute, die nur Wasser vertragen, sind offensichtlich von solch poröser Persönlichkeitsstruktur, daß ein Tröpfchen Vergorenes womöglich ihre Contenance beeinträchtigt. Diese Leute sollten tun, was ihnen zuträglich ist, sollen Perrier trinken, den "Champagner unter den Wassern", aber doch bitte ihr Sendungsbewußtsein zügeln und einen normal zivilisierten Mitteleuropäer in Frieden lassen. Wir Bewohner des christlichen Abendlandes haben schließlich in Jahrtausenden gelernt, daß Weingenuß eine kultische Handlung ist. Wasser aber, so sage ich euch, hat am Altar nichts zu suchen.

Vincent Klinks Rübenwurf

Auch der strengste Vegetarier muß schließlich
den Weg allen guten Fleisches gehen
(Julius Stettenheim 1832–1917)

Offener Brief an alle Vollwertköstler, die sich erkundigen, ob in unserem Restaurant Vollwertkostgerichte angeboten werden.

Zuvörderst möchte ich meinen Ausführungen einen eher prinzipiellen Gedanken vorausschicken. *Nur jene Kost ist für den Menschen bekömmlich, die ihn erfreut.* Ein etwas pauschaler Satz, doch er bringt meine Grundhaltung zum Ausdruck, die schlicht akzeptiert, daß viele Menschen jene Küche nicht lieben, die ich als Beruf betreibe.

Ja, mir geht das Sendungsbewußtsein und die damit verbundene Ausschließlichkeit der Vollwertjünger stark auf den Wecker. Mit den nachfolgenden Gedanken möchte ich an die Toleranz appellieren. Ich behaupte also nicht, daß jemand eine Kaninchenseele hat, wenn er sich ausschließlich von Salaten ernährt. Wir werden erkennen, daß die moderne "Grande Cuisine" und das, was unter Vollwertkost alleinselig bejubelt wird, im Grunde in einen Topf gehört.

Vollwertkost? Ist das wieder so eine aufgedunsene Kaugummivokabel, die dröhnend nichts erklärt? Ich meine schon und denke, daß da noch einige Unterschiede geltend gemacht werden müssen. Man erkundige sich im Öko-Laden. Generell bedeutet der Zusatz "Vollwert" nur, daß bei Getreide etwa die Kleie (Schale) zum Teil mitgegessen wird: Das bedeutet also eine Erhöhung des Ballast- und Faseranteils. Zynisch betrachtet könnte nun ein Pariser Brioche mit gehackten Streichhölzchen auch unter Vollwert firmieren. (Der Pamperskonzern Procter &

Gamble hat sich folgerichtig auch einen Ballaststoff aus Baumwollfasern patentieren lassen, einsetzbar in Brot beispielsweise.)

Wie aber sollten wir die Küche benennen, der sich die besten Restaurants in Deutschland verschrieben haben? "Halbwertkost" vielleicht?

Ich habe Achtung vor Vegetariern und lasse die deutsche Öko-Miliz gerne gewähren. Entscheidend ist, daß jeder nach seiner Fasson glücklich wird. Wehren muß ich mich aber gegen die Kampfmissionare, die mich mit meiner "Halbwertkost" nicht in Frieden lassen. In romanischen Ländern sind dieserart Diskussionen fast unbekannt. Das einzige Land, das außer den Bundesbürgern in größerem Maße an Vollwert-, Vollkorn- und biodynamischer Küche knabbert, sind die USA. Die haben es aber auch nötig, dort ist es tatsächlich fünf Minuten vor der gesamtnationalen Kolik.

Ungefähr eine Hundertschaft guter Köche – zugegeben ein bißchen wenig bei sechzig Millionen abzufüllender Mägen – bemüht sich um ein Verbraucherbedürfnis, das exakt den Vorstellungen der Anhänger von Vollwertkost entsprechen dürfte. Es handelt sich um eine Küche, die in Italien und in Frankreich seit eh und je üblich war und zum Teil auch im Deutschland vergangener Tage auf die Teller gelangte.

So zeigt sich seit einiger Zeit in den deutschen Restaurants eine neue Tendenz. Fleisch ist nicht mehr so gefragt, mit einem Zweihundertgrammsteak kann man inzwischen jeden Feinschmecker verjagen. Frisches, auf den Punkt gekochtes Gemüse und etwas Fleisch von der feinsten Sorte bestimmt den gedeckten Tisch im guten Restaurant.

Es ist die extreme deutsche Rohnatur, die entweder ganz in den Körnern pickt und vegetarisch lebt oder Steaks frißt, bis das Adrenalin aus allen Poren als Ganzkörperdeodorant ausschwitzt.

Als die Omas noch kochten, gab es nicht unbedingt jeden Tag Fleisch wie heutzutage, da man glaubt, ohne tägliches Schnitzel drohe der soziale Abstieg. Dabei wäre wirklich epikureischer Luxus, ein- bis zweimal in der Woche bestes Fleisch und nicht jeden Tag ein Plastikkotelett sich einzuverleiben.

Nebenbei bemerkt, trotz der Fleischlawine, die mit den "Hendln" in den sechziger Jahren über die ausgemergelte Kriegsgeneration hereinbrach, hat es der Bundes-Normal-Verdauer zu keinerlei Wissen über die einverleibte Fleischqualität gebracht. Ich behaupte allen Ernstes, daß von 100 Bundesbürgern höchstens fünfe wissen, wie gutes Fleisch wirklich schmeckt.

Die Politiker wollen uns im Unwissen darüber belassen, daß gewisse soziale Grenzen und Klassen nicht abbaubar sind. Gutes Fleisch gibt es nicht genug für alle jeden Tag, deshalb halte ich jetzt lieber mein Maul und füge zum Schluß nur noch an, nicht für die deutsche Spitzengastronomie geredet zu haben. Ich sprach auch über Italien und Frankreich. Süd- und westlich unserer Grenzen hängt der kulinarische Himmel über den geblümten Wohnküchen, und aus dieser Sphäre stammt die Spitzengastronomie. Dort gibt es Spargelrisotto, da gibt es Spaghetti mit Steinpilzen, da gibt es Trüffelsuppen, und niemand fragt, ob es vollwertig sei oder vegetarisch. Denn dort genügt, daß es gut ist.

Grüne Küche

Können kulinarische Freuden aus dem Garten kommen, kann vegetarische Küche Gaumenlust hervorkitzeln? Logisch, aber um Himmels willen ohne den sektiererischen Schluckauf, ohne den festen Glauben und dogmatischen Starrsinn, mit der uns Körner und Sprossen als optimales Essenglück eingeredet werden sollen. Aber ohne geht's wohl nicht, denn nur vollwertige Weltanschauung verhilft den schlimmsten Unverdaulichkeiten zu Schmackhaftigkeit.

Es lief von Anfang an völlig falsch, nie kam Freude an raffinierten Gemüsegerichten auf, immer grummelt im Hintergrund der Zwang, das Fleisch zu ersetzen.

Das Unglück der deutschen Küche beginnt bei der Beilage oder dem, was man aus ihr gemacht hat. Alle wissen Bescheid und winken gleich ab, obwohl man noch einen Nachschlag servieren könnte. Die letzte Konsequenz der deutschen Plumpsküche ist die Verhunzung von Geschenken der Natur in Gestalt der Sättigungsbeilage. Nietzsche hat es unseren Altvorderen bereits vor der Jahrhundertwende um die Ohren gehauen: "Die deutsche Küche, was hat sie nicht alles auf dem Gewissen, die fett und mehlig gemachten Gemüse, die Entartung der Mehl-

speise zum Briefbeschwerer ... so versteht man auch die Herkunft des deutschen Geistes – aus betrübten Eingeweiden...". Das kann man heute noch im Großteil der deutschen Gasthäuser nachvollziehen: Ist der Braten noch einigermaßen gelungen, so sind es fettige Kartoffeln, matschiges Gemüse oder Dosensalate, die wie ein Stein unseren Körper ewig lang nicht mehr verlassen wollen. Auch wer sich mit Vollwertkeksen und Müsliriegeln retten will, darf sich nicht wundern, wenn die Mundwinkel vor der Schwerkraft kapitulieren, als hätten sich die Herrgottsschnitzer über unsere Mimik hergemacht.
Das ganze deutsche Dasein könnte man auf das Problem der Beilagen zurückführen. Nichts kann für sich alleine stehen, immer muß noch eins obendrauf. Offensichtlich ist es unsere Rabatt-, Schnäppchen- und Nachschlagmentalität, die in allen Bereichen "die neue deutsche Art", unser postmodernes geistiges Nationalsiechtum dokumentiert. Also: Die Beilagen sollten ganz verschwinden. Wer Fleisch vertilgt, mag Fleisch, wer Gemüse, Spargel, Kohlrabiauflauf, Nudeln, Kartoffel mehr liebt, der hat's eben nicht mit Fleisch. Das Drumherum der sogenannten Hauptspeisen verdient eine wohlklingendere Annonce. Nehmen wir zum Beispiel die simple Bratkartoffel. Wenn wir sie zubereiten, so sollte unser Ziel immer das beste Ergebnis sein. Also müßte versucht werden, die Bratkartoffel so exzellent und aufmerksam herzustellen, daß sie ganz allein als Gang gereicht werden könnte. Man wird feststellen, daß da plötzlich gar nichts mehr simpel ist. Das bedeutet, daß sich die Beilagen allein behaupten und so gut schmecken sollten, daß sie dem Fleisch Konkurrenz machen. Das muß doch möglich sein! Italien, der Nahe und Ferne Osten, der Orient, überhaupt der Rest der Welt kennt keine Abwertung pflanzlicher Speisen in Form von Ausgrenzung. Deshalb kennen auch viele Völker das Glücksgefühl des Fleischessens, eben deshalb, weil es sehr selten auf den Tisch gelangt. Die Geschenke der Natur sind klassenlos. Nur weil wir das im zwischenmenschlichen Bereich nicht verwirklichen können, wird das gleiche Denken auch auf die Natur angewandt.
Hausmannskost treibt den Mann aus dem Haus, aber wohin? Mittlerweile ins Ausland. Es soll gar nicht behauptet werden, daß die Auto-

bahnen gen Süden so überlastet sind, nur um dem Schweinebraten zu entfliehen. Ein bißchen was ist aber dran – so anders ist die Landschaft in Frankreich oder in Italien nicht. Der große Unterschied liegt in der Architektur und in der Lebensweise der Menschen dort, eben auch in ihrer Küche. Wir sind ein Industrieland, aber unsere Eingeweide lassen sich nicht industrialisieren. In der Mitte des Körpers liegt unser Zentrum, dort findet die Umsetzung unseres Essens statt, dort trifft der Umweltstreß auf eine empfindliche Zone, dort schlägt uns der Alltag immerfort auf den Magen, und alle intellektuellen Fortschritte lassen sich nur ungenügend mit diesem Bereich in Einklang bringen. Wir wollen modern leben, aber altmodisch essen. Kein Wunder, daß die urbanen Küchen des Südens, des Orients und Asiens zum Ziel unserer Sehnsucht werden. Ist aber nicht die Küche Asiens sehr raffiniert? Ja, aber sie ist nicht kompliziert: Sie verändert die Produkte wenig; wir jedoch haben das Problem, zu wenig über die asiatischen Lebensmittel zu wissen – wie sie reagieren und wie sie wirken.

Kurz, die asiatische Küche bekommt jedem gut, wenn auch nicht unbedingt im eingedeutschten Chinarestaurant. Es wundert nicht, daß asiatische Lebensmittelläden immer zahlreicher die Tante Emma an der Ecke ersetzen. Die andere Fraktion, die den Gemüsehandel in der Hand hat, sind neben den zahlenmäßig rückläufigen Italienern die Türken. Türkische Küche ist bei uns hauptsächlich dafür bekannt, daß man sich im Straßenstaub den Kebab "reindönert". Die ist aber eine Hochküche, seit die Sultane auf farbenprächtigen Kelims anrichten ließen. Ein paar alte Klassiker seien genannt: Hünkar Begendi (Sultans Entzücken), Kadin Göbegi (Frauennabel), Dilber Dudagi (Süße Lippen), und so fort. Man ahnt, daß über den Kebabstand hinaus die Türkei noch einiges zu bieten hat, und Fleisch ist, nicht nur in der Türkei, sondern rund um die Welt vorwiegend für Festlichkeiten reserviert, wenn nicht gar aus religiösen Gründen ganz darauf verzichtet wird. Die gewürzschwangere Küche Indiens hat ohne Fleisch wunderbare Spezialitäten zu bieten wie etwa “Kahri” (Joghurt-Curry) oder “Baigan Pora” (gebratene Auberginen mit Chili und Senföl). Unzählige Tafelfreuden könnte man nennen, wie die köstlichen Taboulehs der Syrer

oder das Couscous der Marokkaner, beides hat als Hauptbestandteil geschroteten Hartweizen, mit viel Grün und Kräutern, und letzteres wird bei Einheimischen selten mit Hammel gekocht.
In Deutschland, bei den Angelsachsen bis hinüber in die nördliche Hälfte der Neuen Welt, wird das ganze Essen en bloc auf den Teller gekippt. Den kulinarischen Jackpot liefern die Yankees mit ihrem Hamburger, der von süß, sauer, scharf durch die Geschmacksregionen flottiert, auch farblich, bis zur postmodernen Farbe des Herzens, dem Kechup-Rot. Brot & Fleisch, Salat & Sauce werden auf den kleinsten gemeinsamen Nenner gebracht. Das vegetarische Signum darf aber nicht fehlen, und wenn's nur ein Salatblatt ist. Solcherart Legierung findet man nur noch bei den Matrosen der Nordsee und auch an Land in und um Hamburg: Labskaus. Trotzdem, ein Hoch auf die amerikanische Navy: Die durch Hamburger und Ketchup angetriebenen Flugzeugträger in den Gewässern des Nahen Ostens sind allemal friedlicher als zum Beispiel die dattel-geblähte Fundamentalistencrew einer Nilschaluppe. Auch das darf man ruhig mal sagen. Der Rest der Welt also ißt die verschiedenen Bestandteile eines Essens nacheinander in harmonischer Abfolge, auch wenn oft alles gleichzeitig auf den Tisch kommt. Allenfalls kommt am Ende ein Fleischgericht und oft eben auch nicht.
Warum ist dann die italienische Küche so beliebt und mit freudvollen Assoziationen umgeben? Sogar im gourmetchauvinistischen Frankreich sehen sich berühmte Köche zu der blasphemischen Äußerung gezwungen, daß ohne Italoeinflüsse die Gäste schwinden. Es kann nur daran liegen, daß Italien unzählige Köstlichkeiten des Gartens auf den Tisch bringt und Fleisch dabei eine untergeordnete Rolle spielt.
Und bei uns? Nudeln, Klöße, Gemüse, Salate, die Krautspätzle, Spinatmaultaschen und Semmelknödel im Süden, Spitz- und Grünkohl, Steckrübenauflauf im Norden. Alles ließe sich so kochen, daß die Gerichte einzeln und als kompletter Gang selbst vor ausgesuchtem Publikum bestehen könnten. Unsere deutsche Ernte ist längst nicht so heiter wie die Artischocken, der wilde Spargel und die vollreifen Tomaten des Südens. Haben wir etwa deswegen größere Füße als die Italiener, da-

mit wir schwerer Kost wegen nicht zu tief in unsere Scholle einsinken? Wer "Grüne Küche" liebt, kann aus großem Sortiment überall in unserer Republik in die Vollen gehen. Dazu braucht es keine vegetarischen Kampfrufe. Schön wäre es, wenn wir den Begriff "Vegetarismus" nie mehr in den Mund nähmen, sondern uns an Basilikum halten, an Tomaten, Auberginen, wilden Spargel oder Melonen. Fast alles gedeiht im Sommer auch nördlich der Alpen und ermöglicht uns eine Grüne Küche, der es an nichts zu fehlen braucht.

Meine Liebe zum Risotto

Meine Liebe zum Risotto begann vor ungefähr zehn Jahren. Es war die Zeit, als die Italophilie wie eine Liebeskrankheit über mich kam. Samstagabends bekochte ich im Postillion in Schwäbisch Gmünd meine Gäste, und um elf Uhr nachts, nach Feierabend, warf ich mich hinters Steuer und fuhr so lange in Richtung Süden, bis mir die Augen zuzufallen drohten. War es soweit, fuhr ich rechts ran und schlief quer auf den Sitzen.

Vormittags gegen neun war ich dann in der Lomellina, dem Reisanbaugebiet südlich von Mailand. Ich spähte in die flimmernde Hitze der Po-Niederungen nach Reisfeldern, vermeinte aber nur Getreide zu sehen. Dann mußte ich pinkeln. Mein Mercedes, ein in die Jahre gekommenes Vehikel ohne Aircondition, aber mit einem Spritverbrauch, daß man größere Kühlhäuser mit Energie versorgen könnte, war eine glühende Kiste, die ich an den Wegesrand einer einsamen Straße abstellte. Ich schickte mich an, mein Hosentürl zu öffnen und erschrak ungemein, als vor mir etwas zu zappeln anfing. Bei näherem Hinschauen gewahrte ich, daß die Halme des vermeintlichen Getreides im Wasser standen und eine Unmenge fliehender Frösche das Wasser in Turbulenzen brachte. Was ich da zu düngen gedachte, war kein Getreidefeld, sondern Reis, welcher zur botanischen Familie der Gräser zählt.

So viel zur Einstimmung aufs Risotto? Ihr wißt womöglich gar nicht, wovon ich rede und wollt trotzdem wissen, wie es gemacht wird? Auf keinen Fall darf man Risotto als Reisbrei bezeichnen, das wäre Diskri-

minierung. Es könnte aber sein, ihr wißt Bescheid und habt deshalb, ein für allemal, von dem in Pizzerien aufgetischten Pamps die Schnauze voll.
Wir kaufen uns also im Italienerladen ein Päckchen Risottoreis und einen Brühwürfel, und schon geht's los. Die Reissorte *Arborio* wäre in Ordnung, noch besser wäre der Rückgriff auf die Sorten *Carnaroli Superfino* oder gar *Violano Nano,* auch *Superfino,* was kleines Korn bedeutet. Die kleinkörnigen Sorten sind also die besten, sie geben viel Stärke ab, was dem Risotto die cremige Konsistenz gibt.

Küchenzettel für 4 Personen:
80 g Reis, 1 kleine Zwiebel, 100 g Butter
1 ganze Knoblauchzehe
50 g geriebenen Parmesan
ca. 1 Liter Fleisch-, Hühner- oder Gemüsebrühe
(Instantgemüsebrühe wäre ideal)

Also, den Reis mit etwas Butter und einer feingeschnittenen Zwiebel in einen Topf geben und alles scharf anrösten. Sobald Zwiebeln und Reis braun werden, gebe man die gehackte Knoblauchzehe hinein und fülle mit Brühe auf. Die doppelte Menge Brühe wie Reis. Langsam köcheln und ab und zu umrühren, ungefähr fünfzehn Minuten.
Nach fünfzehn Minuten geht es in die scharfe Phase. Es können dabei keine festen Regeln aufgestellt werden, man muß sich auf sein Gefühl verlassen. Es sollte immer so viel Brühe beigegeben werden, daß sich ein flüssiger Brei im Topf befindet. Ständig umrühren, damit nichts anbrennt. Nach fünf weiteren Minuten wird probiert. Ist der Reis weich, hat aber innen noch einen etwas festen Kern, dann ist es soweit.
Vollgas und ständig umrühren. Es geht nun darum, die restliche Flüssigkeit zu verdampfen, sie muß fast vollständig aus dem Topf vertrieben werden. Ist der Risotto im Kern einigermaßen weich, wird die restliche Butter in großen Flocken mit dem Kochlöffel darunter gerührt, gleichzeitig dabei vom Feuer gehen, wenn Wein im Haus, ca. 2 Eßlöffel Wein dran, dann den Parmesan einarbeiten und anrichten. Der Butter-

anteil ist für den Geschmack von großer Bedeutung. Wirkt der Risotto fettig oder sind ölige Schlieren sichtbar, dann kommt der echte Aficionado in Panik, nicht aber wir. Es muß etwas Brühe, ideal auch ein Schuß Weißwein, hinein und nochmal gerührt werden. Zwischen den einzelnen Reiskörnern glänzt nun eine milchige Creme. Bravo, es ist geschafft!
Sollte man seine Kaloriensorgen auf den nächsten Tag verschieben, so wäre mehr Butter auch mehr Spaß. Also, auch wenn es sich verwegen anhört, ein halbes Päckchen Butter darf's schon sein. Eine Flasche Bianco dazu und vielleicht noch eine hinterher, dann stracks zu ruhigen Träumen aufs Sofa.

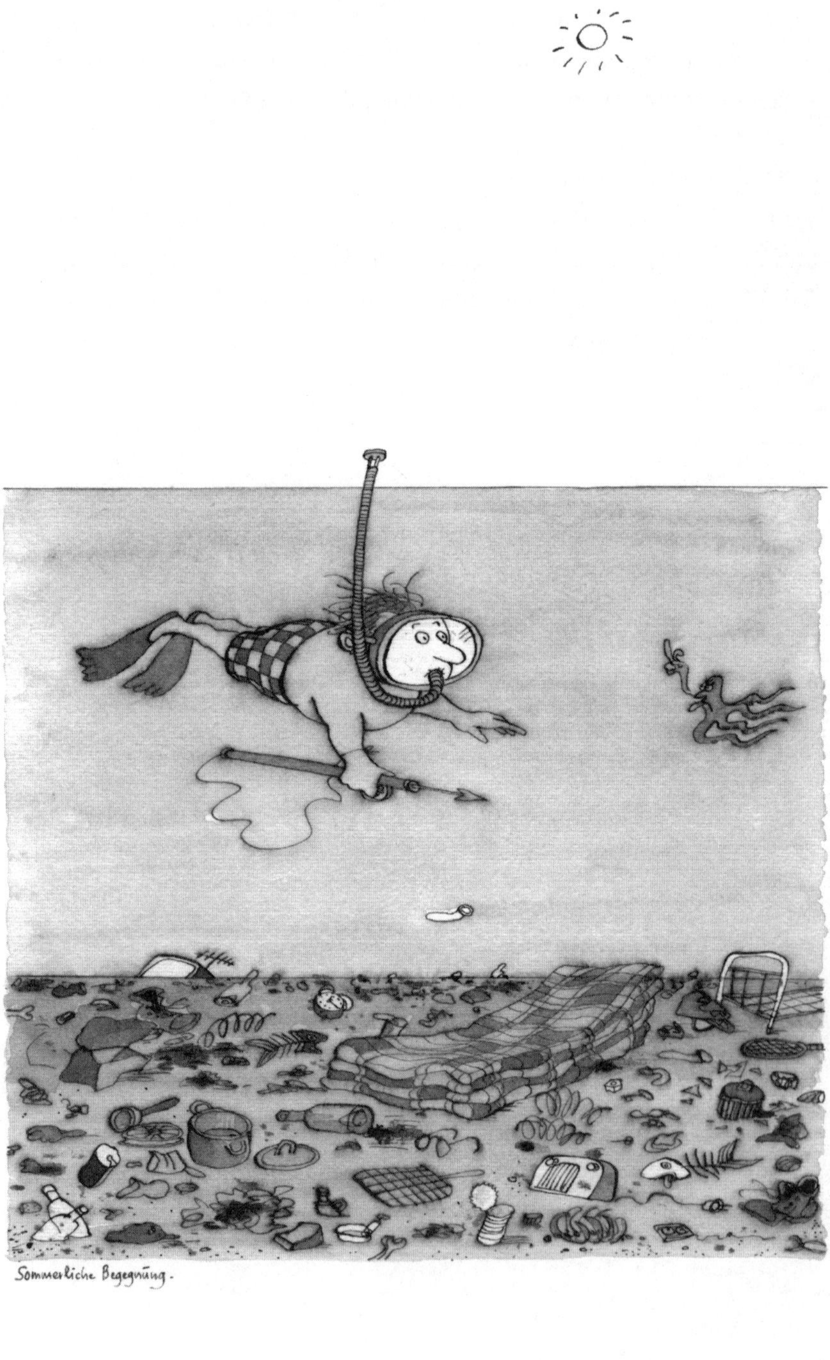

Sommerliche Begegnung.

8.

Hochsaison

Vom rechten Zeitpunkt

Sommer, Sonne, Sepia / Der Weihnachtswunsch des Kochs an die Gänse / Es lebe die Saison / Gartenlust / Lob der Präserve / Morgendliches Sauermilch-Desaster / Extremsportkochen

Sommer, Sonne, Sepia

Es war ein Katastrophenurlaub. Wir hatten in Cavalaire an der Côte d'Azur ein Häuschen gemietet, eines der gehobenen Art, mit Atrium und Hausbar. Eine weißleuchtende Architekten-Preziose. Wir mußten beim Besitzer vorher zur Gesichtskontrolle antanzen. Vorauszahlung war gleichfalls obligat. Der Bungalow lag nur wenige Meter vom Strand an einem Weg, der sich vom Les-Maures-Gebirge zum Meer hinunterwand. Von dort kam übrigens auch die Schlammwoge, als ein Unwetter über uns abkübelte. Der Hohlweg schwoll, ähnlich einem Wüsten-Wad, zur infernalen Wasserstraße. Mittendrin ging unser Auto auf die Reise und stand am nächsten Morgen auf der Stranddüne, wenige Schritte von den brechenden Wellen.

Ich hatte mir nach den Aufräumarbeiten in der Wohnung, nach zwei Tagen Schlickschrubben, an der Strandpromenade im nahen Ort eine Schnorchelausrüstung "made in Taiwan" erstanden. Das Schnorcheln war herrlich, wenngleich die Unterwasseraussicht mit den Klischees der Tauchkataloge nicht ganz übereinstimmte, sondern mehr der Arbeitswelt eines Kanalarbeiters glich. Mein alter kotgrüner VW-Variant von der Düne oberhalb hätte, nur mal als Beispiel, gut zum Unterwasserszenario gepaßt. Voll mit bizarrem Krempel, war der Meeresgrund eine einzige Müllkippe mit erstaunlichem Sortiment, von Autoersatzteilen bis zum Kinderwagen. Eine mannigfache Welt, bunter als jedes Korallenriff. Pilzige Schlieren schwebten dazwischen, ein Lebewesen war zunächst jedoch nicht auszumachen.

Wenig später jedoch, immer noch gemütlich in der Lauge schnorchelnd, gewahrte ich schluckaufartig dahinsegelnde Gebilde, es waren kleine Kalamare, jene Meeresbewohner, die der Mitteleuropäer nur ringförmig mit Mayonnaise kennt. Ich brachte meine Blödsinns-Kinderharpune in Anschlag und traf: gar nix. Heute muß ich sagen: Gottseidank. Die letzten lebenden Unterwasser-Widerständler der Côte d'Azur haben Besseres verdient, als von mir harpuniert zu werden. Außerdem ist es naheliegend, daß sie nach genau jenem Meeresmüll schmecken würden, der meine Tauchgründe verhunzte. Die Fischer wissen, warum sie mit Netz und Bogenlampe so weit hinausfahren, daß ihre Boote von der Küste aus wie Glühwürmchen erscheinen, die nächtens am Horizont irrlichten.

Am nächsten Morgen sehe ich am Hafen die Capitanos ihre gefangenen Oktopusse an die Kaimauer schleudern. Als wollten sie an den als Meeresungeheuer zu Unrecht verschrieenen Pulpo alle Ängste weiterreichen, welche in dem aus Seemannsgarn gestrickten Mythen Fangarme zu Schlangen werden lassen. So lange wird das arme Tier also an die Kaimauer gekloppt, bis die Seele aufatmet. Aber was Literatur und Aberglaube dazu beizusteuern haben, kümmert den Küstenfischer wenig. Es geht nur darum, ganz profan, das Fleisch mürbe zu walken. Danach läßt sich die lilafarbene Haut leichter abziehen. Alle sogenannten Kopffüßler sind mehr oder weniger zäh, und ein kiloschwerer Oktopus will deshalb auch noch gut und gerne zwei Stunden gekocht sein. Daraus wird dann der berühmte ringförmige Fischgang oder auch der Radiergummisalat unserer Pizzerien und Ristaurante, der mit Staudensellerieblättern, Zitrone, Pfeffer und Salz und meist einer fatalen Ladung Knoblauch zusammengehalten wird. Bei einer spontanen Umfrage konnte mir niemand beantworten, wie diese Tiere überhaupt schmecken. Deutliches Aroma zeichnet sie auch kurz nach dem Ableben nicht aus, und viel davon entfleucht zudem noch und erfüllt Küche, Wohnung, oft auch das Terrain der Nachbarn mit stumpfem Odeur von Kochfisch.

Calamaris können aber auch vorzüglich munden.

Calamaris haben schmale Körper und am spitz zulaufenden Ende beidseitig Flossen. Die Tentakel werden kurz vor den Augen abgeschnitten und anschließend der Körper längs aufgeschlitzt. Das Fleisch ist im Gegensatz zu dem des Oktopus ziemlich dünn. Mit dem flachen Messerrücken streift man alles heraus. Auch das Tintensäckchen, das meist bei längerem Transport kaputtgeht. In Italien ist die Tinte ein Objekt nahezu mystischer Verehrung, wobei unter uns gesagt, der Geschmack nichts Mystisches an sich hat. Ich erinnere mich an einen Risotte nero, schwarz, weil er mit Calamaris-Tinte angereichert war. Mit großem Gelächter schafften wir damals das Gericht hinter die Gurgel. Allesamt hatten wir rabenschwarze Zähne, und unser Lachen legte frankensteinsche Kauwerkzeuge frei, mit welchen wir uns gegenseitig erschreckten. Seither habe ich mit Tinte nicht mehr experimentiert.

In meiner offenen Bungalowküche hätte ich also die frisch gekauften Calamaris weichkochen, die Körper in Ringe schneiden und die Tentakel zu mundgerechter Länge stutzen können. Das habe ich nicht getan. Großer Hunger gestattet keine Umwege. Die Dinger wurden sofort gesäubert und dann in Streifen geschnitten. Schnell das Olivenöl in die Pfanne und unter erheblicher Rauchentwicklung von allen Seiten geschwenkt, gepfeffert, gesalzen und gleich auf einen bereitgestellten Teller gekippt. Dann Schalotten in die heiße Pfanne und mit Knoblauch angehen lassen. Die Calamaris dürfen auch wieder in die Pfanne, nun werden sie mit gehackten Kapern und reichlich Petersilie geschwenkt. Ist das Gericht heiß, aber die Streifen innen noch etwas roh, hat man alles richtig gemacht. Zu den Kapern wäre noch etwas zu sagen: Wir haben uns daran gewöhnt, daß sie in Essigwasser angeboten werden. Bei Einkäufen im Italienerladen könnte man jedoch das Augenmerk auf gesalzene Ware lenken. Sie werden vor Gebrauch über Nacht in klarem Wasser eingeweicht und sind dann mild und typisch, je nachdem, wie lange man wässert oder die Flüssigkeit austauscht.

Meine kulinarischen Tintenfischerlebnisse führten mich irgendwann zur besten, zartesten Sorte, dem wirklichen Tintenfisch: Sepie sind deshalb die teuersten, die Haut sandfarben bis rotbraun, der Körper mehr rund als lang. Ich fürchte, diese Köstlichkeiten sind an der Côte d'Azur nicht mehr aufzutreiben. Auf zungenhüpfende Weise erlebte ich sie auf Capri, der stillen Insel, sobald die letzte Touristenfähre den Kiel Richtung Vesuv schiebt. Dort saß ich einst in dichtstehenden Zitronenbäumen, die letzten Sonnenstrahlen tanzten übers Tischtuch. Nebenan lagerte auf plastikschnurbespannten Rohrstühlen die Camarilla des Sängers Lucio Dalla, er höchstselbst unter Panamahut, die Rigatoni schlürfend. Der Wirt hieß Paolo oder Paolino und das Restaurant, nicht schwer zu erraten, "Da Paolo" oder ähnlich. Amusement kam nicht nur durch die Künstlerbande am Nebentisch. Schadenfrohen Beifall erntete ein toupierter Amerikaner in rosa besticktem Gambling-Smoking. Dem Cowboy knallte eine Zitrone vom Baum über ihm mitten auf den dünn gepolsterten Schädel. Seppioline wurden aufgetragen, und die fallende Zitrone war in meinem Fall der eröffnende Paukenschlag für ein neues Interesse an den Gummifischen. Für die feine Gourmetküche sind Tintenfische nämlich nur bedingt einsatzfähig, dann, wenn das Menü ein wenig in Richtung Urlaubsstimmung abgeschmeckt sein soll. Die Köchin im capresischen Zitronengarten hatte die Seppioline mit Tomaten, Rosmarin und, passend zum Ambiente, mit hauchdünnen Zitronenstreifen abgestimmt. Seppioline sind winzige Sepia und nach Kennermeinung nicht ganz so wohlschmeckend wie die großen Exemplare. Die Seppioline meiner Capri-Cucina waren jedoch durch die Sauce geadelt. Da die Tentakel nur zwei bis drei Zentimeter kurz sind und der kleine kugelige Körper der Länge nach geöffnet, verkriecht sich der Tomatensugo zwischen Arme und Körper. Ein saftiges Vergnügen.

Die Tomatensauce zu den Fischen mache ich folgendermaßen: Man nimmt ein Kilo Tomaten, brüht sie in kochendem Wasser und zieht die

Haut ab. Nun werden die Früchtchen, die so reif sein sollten, daß man sie wie die Österreicher als Paradeiser loben kann, einzeln in eine wassergefüllte Schüssel getaucht und gut ausgequetscht. Das kann selbstverständlich auch an der Luft erledigt werden, dann aber spritzt das Tomatenwasser ins Gesicht und aufs Hemd, was für manchen des Tomatenrots zuviel sein könnte. Also, machen wir es unter Wasser. Im Topf nebenan dünsten in etwas Olivenöl zwei grobgewürfelte Schalotten, bis sie glasig sind. Etwas Knoblauch kommt dazu. Nach fünfzehn Minuten heftigen Kochens geben wir ein Pfund Seppioline zur Tomatensauce, füllen den Topf mit einem Liter mildgewürzter Gemüsebrühe und kochen alles mindestens eine Stunde bei geschlossenem Deckel. Dann den Deckel vom Topf und auf großem Feuer die Brühe dickflüssig einkochen. Jetzt nähert sich der kreative Moment: Feingehackter Rosmarin und ebenso feingehackte Zitronenschale und grober schwarzer Pfeffer müssen dazu. Und damit wir es nicht vergessen, die Hälfte der Tomaten ist auch noch übrig, die lassen wir mit allem zusammen noch einmal kurz aufkochen und geben nach Belieben Salz dazu.

Apropos Gemüsebrühe: Es darf ruhig ein Brühwürfel mitmachen, vorzugsweise einer von der Biofirma Bruno Fischer. Für gutes Gelingen ist auf der Verpackung ein Bibelspruch eingestanzt. Meistens von der Sorte wie die Schlagertexte von Meister Guildo, etwa: Der Herr hat euch lieb, frohlocket hehren Herzens und so weiter. Jeder bessere Bioladen hat von diesem Vademecum im Angebot. Da braucht's keinen Schnorchelurlaub mehr, da ist man aufs Beste zuhause bedient.

Der Weihnachtswunsch des Kochs an die Gänse

Die Rede ist von Tieren.

Zuerst einmal: Keiner Gans wünsche ich, daß sie mir vor dem Martinstag über den Weg läuft. Ist der Ofen unausweichlich, dann wünsche ich dem vergangenen Gänseleben die Ansprüche, die einem Opfertier angemessen sind: freien Auslauf, reine Körner und einen klaren Tümpel. Nach Martini, zu Weihnachten, ist das Tier zu groß für meine Restaurantküche, aber um so friedenstiftender für fettfrohe Familienfeste.

Gänse waren schon immer für den Frieden gut. Sie beschützten die Römer und retteten die längst Überfälligen vor Angriffen unserer keulenschwingenden Ahnen. Nicht nur der Wachsamkeit oder der Daunen wegen erhoben sie sich über anderes Getier. Die Intelligenz wars. Unter anderem darum sind sie meine Lieblingstiere.

“Gänse, harrt aus!” Habt ihr das erste Jahr überlebt, drohen euch wegen durchtrainierter Muskeln nur noch Amateurköche, die auch vor Gußeisernem nicht halt machen. Was mich betrifft, so muß sich dieses Jahr keine Gans mehr vor mir fürchten.

Jawohl, Überlebende, so rufe ich ihnen zu: “Irgendwann einmal werden wir die alten Tage auf dem Lande zubringen. Ihr bekommt alles, was zum Glück gehört, auch den oft verweigerten Tümpel, der so wichtig ist für euch. Ich werde ihn graben, und ihr werdet mich beschützen.” Könnte ich mit diesen guten Vorsätzen nicht gleich anfangen? Oder nicht? Oder doch? Da müssen wir unbedingt bald darüber reden. “Überlebt erst mal noch dieses eine Jahr. Viel Glück!”

Es lebe die Saison

Weihnachten ist längst vorbei. Jede Menge Werbegeschenke gab’s, die Erinnerungen daran sind bereits verweht, doch eines bleibt mir unvergessen. Eine Designfirma überbrachte mir einen Osterhasen im Outfit eines Weihnachtsmannes, mit Zipfelmütze und all den Zuckerapplikationen, die schon bei flüchtigem Anblick ans Zahnweh denken lassen. Eine wegweisende Botschaft in Zeiten, die immer nur dem ersten Anerkennung zollen. Wir Köche kennen das, kaum ist Silvester vorbei, sollten schon die ersten Spargel da sein. Möglichst noch vorher müssen frische Beeren her, und ist endlich Spargelsaison, berennt uns die Gästeungeduld nach frischen Steinpilzen. Paßt man sich dem Schleudertrauma des Zeitgeists nicht an, so sind Schmährufe nicht weit, die Kreativität ließe nach, oder gar: Hier schläft der Chef und ißt auswärts! Jedem Koch kommen Zweifel, ob man in diesen schwierigen Zeiten nicht doch den verfrühten Wünschen der Gäste besser nachkommen sollte. Jeder muß das für sich entscheiden.

Ich halte es so, daß über das Saisonangebot auch Ausnahmen zulässig sind. Als Faustregel halte ich mich an das vereinte Europa, mit Ausnahme der Gegend von Benelux. Es muß noch erwähnt werden, daß in meiner Warenkalkulation nicht das preiswerteste Produkt zwingend ist. Nicht jeder hat diesen Spielraum. Ich frage mich aber, wer hat heute noch Spielraum für grünen Spargel aus Kalifornien und Keniabohnen, die das Odeur von Pappkarton verströmen.

Zugegeben, es bleibt nicht aus, daß in der Zwischensaison, wenn Wintergerichte out sind und der Frühling noch nicht richtig eingezogen ist, eine schwierige Zeit zu durchkochen ist. Wirsing, Weißkohl, Rotkohl, Rosenkohl und Sauerkraut, Mangold gibt's, Spinat und noch ein paar Sachen. Um mehr Abwechslung zu bieten, bin ich dazu übergegangen, gewürfelten Wirsing und Weißkohl nach kurzem Blanchieren in Butter blond zu braten. Auf die Idee kam ich durch Krautwickeln, deren angebräunte Blätter meine Leibspeise sind. Die Gäste mögen's, wenngleich Erklärungen nötig waren. Ein Restaurantführer unkte sogar von angebranntem Kohl.

Man muß solche Kritik ernst nehmen, abwägen, dann aber seiner Überzeugung folgen. Deshalb und zum Trotz folge man den Jahreszeiten. Spargel sollte wenigstens erst dann auf den Tisch kommen, wenn er nicht weiter als von Südfrankreich anreiste. Und wir sollten uns die Aussicht nicht verstellen auf das Gute, das bald kommt, der Spargel aus Baden oder, bei Beelitzern, von Beelitz. Mein kompromißbereiter Rat also: Schau vorwärts, aber widersteh!

Gartenlust

Argumente, sich die Hände schmutzig zu machen

Wer gärtnert, verbessert seine Bodenhaftung und recycelt damit Körper und Geist. Ein jeder rette so sein kleines Revier, das wird auch helfen, die große Welt zu retten.

Es ist klar, daß die Leser dieses Buches einen Sonderstatus genießen und mehr als das: Wer sich dafür interessiert, daß die Waren für den häuslichen Speiseplan wenigstens rudimentär selbst gezogen werden, ist Außenseiter und sogar in gutem Sinne Anarchist. Kann man den Gesetzen unserer modernen Welt heute noch ausnahmslos folgen?

Muß man, wie große Teile der Bundesbürger, vor dem Land und sich selbst fliehen und an fernen Stränden seinen Frust anästhesieren, der bei der Rückreise sich um so heftiger wieder einstellt?
Wir haben uns daran gewöhnt, für jede Dienstleistung einen Spezialisten zu bemühen. Das hat unser Dasein in vielen Bereichen perfektioniert, aber wir können immer weniger nachvollziehen, wie das Leben wirklich funktioniert. Die echten Kinder der Informationsgesellschaft handeln nach Formeln, ohne die Zusammenhänge zu verstehen. Nachdenklichkeit und Urteilskraft bleiben auf der Strecke, was leider auch dadurch nicht kompensiert wird, daß man von einer Sache alles weiß und von allem anderen nichts. Höchste Zeit, daß sich einige wieder auf den "Uomo Mundi" berufen, den universell gebildeten Menschen, der in vergangenen Jahrhunderten von den sogenannten modernen Menschen als Dilettant oder gar zum Globaltrottel erniedrigt wurde.
So soll hier dafür plädiert werden, den Anforderungen der modernen Welt gerecht zu werden, ohne jedoch die überlieferten Werte hintanzustellen. Dazu gehört die Beschäftigung mit der Natur.
In Zeiten wie unseren, in denen die Hälfte der Zentraleuropäer von allergischen Juckreizen und vielerlei umweltbedingter Körperrebellionen geplagt sind, gelingt es kaum mehr, einen unmanipulierten Joghurt aufzutreiben. Der deutsche Michel wird mit Milliardenaufwand von der Lebensmittelindustrie genasführt, und auch den wenigen Menschen, die ökologisches Verständnis haben, wird es kaum gelingen, diesbezüglich die solide deutsche Volksdummheit zu heilen.
Jeder Nachdenkliche sollte heute seinen Möglichkeiten gemäß die Stimme erheben. Das ist das eine – zum anderen wird es Zeit, sich in die Emigration seines Gartens zurückzuziehen. Wer kein Land hat, der schaue erstmal vor die Türe, ob sich dort nicht ein Rasenstück findet. Es gibt keinen Grund, die Zombiegärten vor den Reihenhäusern nicht umzuackern, die ja nicht einmal Vögeln Zuflucht bieten. Auf den Grünflächen, wie sie der Fachmann zynisch nennt, die leicht mit Kunstrasen zu verwechseln wären, findet man keine normalen Büsche und Bäume mehr. Der gehobene Standard verlangt nach mehr. Wohl-

stands-Ziergehölze verschandeln unsere Wohngebiete. Die Qualität der Pflanzen richtet sich allein danach, daß im Herbst keine Blätter mehr fallen. Nichts darf mehr schmutzen. Bleiben nur noch die faden Bewohner, die sich genauso gleichen wie die Parzellen vor der Haustüre und die streng darauf achten, daß kein Herbstblatt das Territorium des Nachbars überfliegt. Diese Leute aber stopfen selbst immer mehr Dreck und Müll in ihre Entsorgungseimer. Also: Weg mit den Golfrasen und her mit dem Komposthaufen.

Der organische Abfall landet nicht mehr in der Mülltüte, sondern wir werden beobachten, wie daraus Humus entsteht, der wieder neues Leben sprießen läßt. Wem das zuviel ist oder wer vor der Haustüre an keine Erdkrume rankommt, der kann sich in Kästen auf seinem Balkon, selbst auf der Fensterbank, eine kleine, grüne Welt schaffen. Gewiß kann solches Bonsaigärtnern kaum der Selbstversorgung dienen, aber es verschafft ein Gefühl für die Natur und für den Wechsel der Jahreszeiten und auch für eine Sonderform von Millionärsstolz: Aus kleinsten Samenkörnern entstehen große Dinge.

Man weiß, was man hat und schärft seinen Geschmackssinn. Man tappt weniger ahnungslos in die Versprechungen großer Plakatwände, und der Gang zum nächsten Supermarkt unterbleibt. Der Garten schärft das Auge für bessere Versorgungsmöglichkeiten wie Biobauern, Biolandbetrieben oder Demeterbauern. Wer sich für große Gartenleidenschaft öffnet, Zeit und Lust dazu hat, der kommt vor der Stadt problemlos an Land. Quadratmeter sind für sage und schreibe neunzig Mark im Jahr zu pachten. Allerdings ist auch Vorsicht geboten, was die Bodenqualität angeht, und es müssen auch zwei bis drei Jahre Ausdauer investiert werden, bis der Acker Elysium genannt werden kann. Die Pachtpreise sprechen für sich und den desolaten Zustand der landwirtschaftlichen Ertragssituation. Es weist auch auf die deutsche Vorliebe für extremes Sparen gerade beim Wichtigsten, den Lebensmitteln, was schließlich bedeutet: Mittel zum Leben!

Lob der Präserve

Die Qual des Einkaufs und der Terror der Einkaufszentren sind mir nicht sehr geläufig, da ich seit meiner Kochlehre immer aus dem großen Topf der professionellen Küche schöpfte. Das war nicht immer die reine Freude, wie ja schon das ernüchternde Wort Personalessen signalisiert. Es ist wie im Haushalt: Die Reste werden zu neuem Leben erweckt und die Wiederauferstehung des Fleisches gefeiert. Die rosa gebratene Hochrippe wurde die nächsten zwei Tage zum kalt geschnittenen Roastbeef à la carte. Von den Gästen ignoriert, gab es das am vierten Tag für die Oberkellner und endlich am fünften, schon halb grün, sollte es dann als Hachée die Lehrlinge erfreuen.

Es geht den meisten so: Es wird immer zu viel eingekauft, sicherlich eine Folge der Einkaufszentren, wo alles auf einmal gekauft wird, aus Zeitersparnis möglichst für die ganze Woche. Einkaufen macht so keinen Spaß.

Im letzten Herbst verbrachte ich einige Tage in Neapel. In einer äußerst turbulenten Gasse wurde der allgemeine Höllenlärm noch von diskantem Gezeter übertönt. Ich war gerade mit hungrig-lüsternem Erstaunen vor den üppigen Auslagen eines Lebensmittelhändlers weggeträumt, als ich an den Haaren gezupft wurde und gerade noch voll Schreck einem niedersausenden Korb ausweichen konnte, der an einer Wäscheleine zu Boden gelassen wurde. Es war ein Zettel drin mit der Einkaufsliste. Der Händler wußte Bescheid, wurde aber trotzdem mit einem mir unverständlichen Geschrei, das im oberen Stockwerk einer alten Frau entfuhr, detailliert mit Befehlen versorgt. Man kann sich vorstellen, was vor meinem inneren Auge ablief. So möchte man leben. Immer wenn es einem grad in den Sinn kommt, angelt man sich das Gewünschte aus dem Parterre. Solche Wohnungen könnte man sicher zu horrenden Preisen vermieten. Man könnte sich da eine ganze Weile vor dem Altersheim drücken.

Wir aber, die wir in Kopf und Beinen noch gut durchblutet sind, sollten uns doch öfter als einmal in der Woche auf den Weg machen.

In meinem Restaurant wird das täglich erledigt. Gut, ich gebe zu, es ist viel Arbeit, aber man muß ja schließlich für fünfzig bis sechzig hungrige Mäuler sorgen. Für einen kleinen Haushalt stelle ich mir das durchaus einigermaßen bequem vor. Selbst für mein großes Restaurant komme ich nicht umhin, den kleinen Kolonialwarenhändler oben an der Ecke immer wieder aufzusuchen. Keine Schlange an der Kasse, und man verliert dort auch nicht so viel Zeit mit dem Herumirren in den Gängen der Supermärkte, wo sie zwischen Mehl, Obst und Joghurt eine 5000-Meter-Distanz aufgebaut haben und der Krimskrams vorne an der Kasse aufgebaut ist. Rationelles Einkaufen wird erleichtert durch rationelles Lagern im Kühlschrank. Im unteren Stockwerk die schnell verderblichen Viktualien, frische Gemüse etc. Im Gitter darüber steht das Eingemachte. Nicht Marmelade, dafür war ich schon immer zu faul. Nein, hier stehen die Ragouts, Goulaschs und zum Beispiel das Paprikagemüse von der letzten Woche.

Paprika? Das kam so: Wieder einmal hatte ich zuviel gekocht, plötzlich keinen Hunger mehr, und die Tochter gibt zu, daß sie bereits in der Straßenbahn zwei Marsriegel verdrückt hat. In Gottes Namen, die Party mit Paprika fällt also aus. Was aber nun tun? Ganz einfach: Ein Einmachglas sauber mit heißem Wasser ausspülen, die Paprika nochmal in den Topf zurück und erhitzen. Knallheiß in das Glas geben und verschließen. Tiefkühltruhe überflüssig. Eine ideale Lösung für die klitzekleine Intellektuellenküche. Was ich gerade geschildert habe, war nicht die Herstellung einer Konserve, sondern einer Präserve, einer sogenannten Halbkonserve. Sie braucht nur Kühlung. Was man beachten muß ist folgendes: Die Produkte, die man ins Glas füllt, müssen durch und durch erhitzt sein, also rosa gebratenes Fleisch geht nicht. Ein Rehragout oder eingemachtes Kalbfleisch ist so ohne weiteres ein viertel Jahr haltbar. Es kommt auf den Tisch, als sei es im Moment gekocht worden. So habe ich immer für Freunde, die mal länger bleiben, ein Lammragout, dann das oben erwähnte Paprikagemüse, das mit Olivenöl mazeriert in Italien Peperonata genannt wird. Kein Problem ist es auch, zu fortgeschrittener Stunde noch mit Lembergerkutteln therapeutisch gegen zuviel Wein anzudoktern. Und manchmal mag auch das Töchterlein lieber so etwas als den lila Schokoriegel.

Kleines Malheur.

Morgendliches Sauermilch-Desaster

Kürzlich war es wieder soweit, karges Frühstück. Suebian Style: Butterbrot, nicht mit Gsälz, sondern mit Salz. Seit Jahren meine morgendliche Starthilfe. Den Schlaf im Genick, empfinde ich die Schwerkraft, den Zug nach unten, stärker als sonst. Von draußen keine Sonne. Der Frühlingsanfang betrügt mit Schneetreiben. Immer noch von einem zähen Traum belästigt, trödle ich am bienenwachsimprägnierten Holztisch in der Zeitung und gieße mir die Milch in den Kaffee.

Biomilch, versteht sich. Der erste Schluck. Ich trinke und habe Brocken im Maul, und zu den sauren Tageserwartungen gesellt sich ein käsiger Geschmack. Verdammt, war es ohnehin schon eine risikoträchtige Unternehmung, der unheilschwanger pfeifenden "Pavoni" einen Espresso abzupressen, so muß ich mich nun hochstemmen und noch einmal von vorn beginnen. Nicht so einfach. Unter den Bio-Lieblichkeiten des Kühlschranks finde ich nur noch saure Ware, keine andere Milch hat's im Haus. Doch Milchkaffee muß sein. Also mische ich Sahne mit Wasser, ein letztes Mal. Mir passiert das nicht mehr. Auch wenn meine Freunde mich des ökologischen Hochverrats zeihen. Ich ziehe Konsequenzen, bequemlichkeitshalber ein Beutel naturtote H-Milch gehört grundsätzlich zur Grundausstattung meines Kühlschranks.

Mein Sauermilch-Desaster zum Frühlingsanfang hat aber auch eine betrachtenswerte Rückseite. Wir sind es mittlerweile gewohnt, daß ernährungstechnisch alles wie am Schnürchen klappt. Essen und Trinken haben genauso zu funktionieren wie die computergesteuerte Zündanlage unseres Autos. Diese unerfüllbare Forderung an die Natur öffnet jedoch der Nahrungsmittelindustrie das Terrain unserer Verpflegung. Sensibler Verbraucheranspruch fegt den letzten ehrlichen Bauern vom Acker: Wehe, er liefert einen Salat mit einer Laus als Vorkoster. In meinem Restaurant passiert mir so etwas alle Jahre einmal. Die Kaltmamsell als Nimrod versagte, hatte kein Waidfrauenglück. Ich kann von günstigen Umständen reden, daß ich nie vor Gericht gezerrt wurde, und etwa zur Finanzierung eines psychiatrischen Runderneuerung verdonnert wurde. Wirklich wahr: Es war im letzten Sommer, als mir eine Dame fast aus dem Fauteuil fiel. Schreie des Entsetzens, als habe eine Hornisse ihr Haarteil angegriffen. Jedoch ... es war nur eine Laus, die sich an der Vinaigrette mausig gemacht hatte und damit den Wirt schadenersatzpflichtig. Freiwillig, damit wieder Ruhe einkehrte, wurde die Rechnung storniert. Da wundert es nicht, daß die meisten deutschen Köche zum antiseptischen Hollandsalat greifen.

Extremsportkochen

Im alten Jahr, am Morgen des Silvestertages, wurde in den Nachrichten bereits die Neujahrsansprache des Kanzlers kommentiert. Eigentlich reichlich spät oder viel zu früh. Mit Weihnachten klappt es besser. War der nunmehr achokracho überstandene Rummel doch bereits letzten Herbst, im Altweibersommer angekurbelt, so denken wir im Jänner, wird's nun höchste Eisenbahn, daß die Osterhasen in die Schaufenster kommen. Die Zeit des Umschmelzens von Weihnachtsmännern zu Osterhasen nennt man übrigens geschäftsneutral "zwischen den Jahren". Der Startschuß für Ostern fällt nach den Einzelhandelsfeiertagen, die sich Inventur nennen. Die Zeit rast. So kam eine Werbeagentur auf die Idee, zu Weihnachten einen biogebackenen Osterhasen zu schenken, der witzigerweise eine Nikolausmütze aufhatte.

Da wird man nachdenklich. Irgendwann überholt sich die Zeit, wie bei einem wildgewordenen Wecker. Ist es Viertel vor sechs, bereits fünf vor zwölf, oder gar schon dreiviertel drei? Da will ich mich nicht mehr festlegen. Womöglich ist alles zu spät, aber immerhin das ganze Jahr Hochsaison. Spargel gibt es nicht nur zur Spargelzeit, sondern sowieso dauernd, wie ja eigentlich dauernd Weihnachten und Ostern ist und wir permanent eine schöne Bescherung haben.

Wenn der Spargel richtig Saison hat, dann haben wir alle miteinander davon schon die Nase voll. Dem Spargel wird's gehen wie dem Rettich, er wird degradiert, demokratisiert, entwertet, nur ganz normales Zeugs, aber immer größer muß er werden. Es wundert nicht, daß unsere Gedärme die Grenze der Belastbarkeit erreicht haben. Für normale gesunde Kost ist unser Organismus schon nicht mehr justiert. Die Liste der gen- und andersartig manipulierten Lebensmittel wird immer länger. Man hat sich dran gewöhnt, daß Dosenananas besser schmecken als frische Früchte. Beim Fleisch verlangt der deutsche Mann bereits instinktiv nach dem arzneiintensiven Truthahnsteak, schmuggelnde Kenner schwärmen von dem BSE-freien aber hormonstarken USA-Beef. Die Emanzipationsbewegung wird bald umdenken müssen: Wenn es so weitergeht, ist bald Hochsaison für unfreiwillige Geschlechtsumwandlungen.

Hast du Sorgen, hast du auch Likör. Mein lieber Scholli, lieber deutscher Mann, das hätte man meinem Opa mal erzählen sollen, daß der ehedem kruppstahlharte Deutsche sich mit Begeisterung in die Küche werfen wird. Allerdings: Nie war er so friedlich wie heute. Zwar kommt es immer wieder zu erbitterten Kochwettkämpfen, denn was er treibt, der Deutsche, das bitteschön extrem. Doch die zukünftige Extremsportart Kochen (die Equipment-Zulieferer reiben sich die Hände) hat sehr gute Seiten. Es macht sich in den bundesdeutschen Küchen starker Wille zu besserer Ernährung breit. Es geht nicht mehr nur darum, daß Mutti den Männe irgendwie satt kriegt, der greift jetzt selber ein. Er denkt mit, und zwei denken manchmal mehr als einer.

Warum das allgemeine Pfannenschwingen? Ich vermute Protest, oder wenigstens instinktives Dagegenhalten. Einerseits gibt es jene ausgezehrten Gestalten in den Modeheften, andererseits aber fahndet der Küchenrezept-Sammler nach Sehnsüchten. In einer Welt der Lebensmittelmanipulation und der in allen Bereichen von nagenden Fälschungen verhunzten Welt wollen wir uns etwas Echtes bewahren. Man möchte sich als Gegensatz zum Industrie-Imitat eine betrugsfreie Intimzone retten. Endlich hat man die Kontrolle über Inhalte, vor denen der liebe Gott längst kapituliert hat. Der wird nämlich auch übers Ohr gehauen und weiß längst nicht mehr, was in der Tütensuppe drin ist. Mit Selbstgekochtem kann man sich ein Stück Wahrheit einverleiben, und das will in unseren Tagen etwas heißen. Häusliches Kochen ist die Reaktion gegen Entfremdung von der Natur, aber auch das Suchen nach kulinarischen Wurzeln. In etwas überspanntem Sinne kann es sogar das Suchen und Retten eines Stückes Heimat sein. So findet man die umtriebigsten Köchinnen und Köche bei jungen Leuten, die sich von den Tischen der Mütter verabschiedet haben und sich nun im eigenen Haushalt auf eigenes Risiko an den Herd wenden.

Die Jugend des ausgehenden Jahrtausends kann sich jedoch kaum mehr das Wissen bei den Müttern holen, sie ist kulinarisch orientierungslos. Die Omas von früher sind tot, und die Mütter, die in der Rock'n Roll-Zeit die besten Tage hatten, gehörten zu jener Generation, die nach dem Krieg mit dem Kaugummi aufwuchs. Sie gingen zur Arbeit außer Haus, hingen ungehemmtem Fortschrittsglauben nach, hatten für aufmerksame Küche keine Zeit oder Lust. Weg von der Strickliesl, brachten sie aus dem Jesolo-Campingurlaub die Spaghetti mit und emanzipierten sich durch schnelle Küche. Sie ersetzten die Tomatensauce durch Ketchup, der Üppigkeit willen wurden noch ein paar Schinkenwurstwürfel hineingezaubert. Die nun ins Rentenalter gekommenen Turnschuhmütter kreierten eine neue Hausmannskost, welche die Männer aus dem Haus trieb.

So kam es zur Gegenbewegung, aus der die neue Leidenschaft junger Haushalte entstand. Sie haben auch eine neue Ehrfurcht gegenüber den Rohstoffen entwickelt, neue Kennerschaft. Einkaufsquellen fürs Milchkalb werden als Geheimtips weitergeflüstert, wenn Fisch auf den Tisch kommt, dann vom Spezialhändler. Selbst mein Metzger auf der Alb erzählt mir von Wandertagen, welche die Städter nutzen, um den Rucksack mit unverfälschter Griebenwurst vollzustopfen.

Na also, so übel sind die Zeiten auch wieder nicht. Das schönste daran ist jedoch, daß die fatale Umkehrung der Werte, die mein Opa wortreich beklagte, inzwischen vollendet gediehen ist. Her mit dem raren Rettich, der nicht bläht, wo gibt es unverseuchte Schwarzwaldforellen, die Lammkeule von der Alb, echtes Holzofenbrot? Das nämlich sind die wahren Luxusgüter unserer Zeit, sie sind nicht teuer, aber nur mit List und Ausdauer zu besorgen.

9.

Moderne Zeiten

Das neue Gefühl

Muß Leber in den Leberkäs? / Die Schönheit des Gerichts / Luxuriöse Stille / Schluß mit dem Pumucklteller / Schwabenland magst ruhig sein

Muß Leber in den Leberkäs?

Die Beantwortung einer im Grunde überflüssigen Frage

Eine magensafttreibende Debatte brachte den bayerischen Fleischertag 1967 in Rosenheim an den Rand einer Saalschlacht.

Juristen wie Wissenschaftler der Münchener Universität, der Bundesanstalt für Fleischforschung in Kulmbach, der Landesanstalt für Tierseuchenbekämpfung und zahlreiche andere wurstologische Institutionen kämpften um das, was des echten Bayern Brotzeit zum Sakrament macht. Über den Rosenheimer Leberkäs-Clinch ist zu berichten.

Ein heikles Problem. Die Behörden fordern verbissen, ungeachtet bayerischer Traditionen, dem "Nationalschmankerl" Leber beizumengen, was Produzenten wie Konsumenten gleichermaßen erbost. Seit Jahrhunderten nämlich enthält echter Leberkäs keine Leber. Sie würde, wie Kenner versichern, auch seinen spezifischen Geschmack verderben. Von "Irreführung der Verbraucher", so lamentierten die Metzger, sei keine Rede. Denn das Wort "Leberkäs" komme von der brotähnlichen Form der Ware, weshalb man sie einst auch "Loablkas" oder "Laibkäs" nannte. Die geforderte Bezeichnung "Fleischkäse" sei nicht zumutbar.

Was ist nun drin im Leberkäs? Eine Wurstmasse aus Rind- und Schweinefleisch, angereichert mit Speck und allerlei Gewürzen. Fünf bis zehn Kilo schwer wird sie in Kastenform im Ofen gebacken, wodurch sie eine appetitliche Kruste bekommt. Frischer, roter Leberkäs, heiß aus dem Metzgerofen, gleich im Laden verzehrt, gehört zu den kulinarischen Kindheitserinnerungen jedes Müncheners. Im Laufe seines Lebens konsumiert er mehrere Zentner dieser Spezialität.
Die Rosenheimer Diskussion endete also wie das Hornberger Schießen. Alle Juristen plädierten für Leber im Leberkäs. Die Nahrungswissenschaftler waren geteilter Meinung. Hingegen vertraten die Fleischer ein entschiedenes NEIN. In Bier- und Teewurst erwarte der Verbraucher ja auch keine Getränke. Und da haben sie ja irgendwie recht.

Die Schönheit des Gerichts

Weil der Mensch ab und an eine Erhöhung des Alltags braucht, leben davon viele Branchen ganz gut, nicht nur die Gastronomie und der Feinkosthandel. Die gute Gastronomie hat es sich auf die Fahnen geschrieben, nicht nur die Leute satt zu machen, sondern ihnen die Möglichkeit zu bieten, dem, wenn auch nur für kurze Zeit, zu entfliehen. Es geht dabei auch um Kultur, und es ist hier wie mit der Kleidung, die man eigentlich nur braucht, um das Erfrieren abzuwenden und sie gleichwohl benutzt als Symbol für verfeinerte Lebensart. Beim Essen ist entscheidend, was oben beim Fourmet hineinkommt. Das sollte tunlichst besser aussehen als das, was hinten rauskommt.
Man kann essen, aber man kann auch speisen. Wie jedwede kulturelle Handlung läuft ein schönes Menü nie ohne Rituale ab. Das beginnt mit der Begrüßung, mit dem Lesen der Speisekarte, und es wird auch immer wichtiger, in welcher Umgebung und Einrichtung dies geschieht und wie. Das wäre das sogenannte Ambiente.
Denn wir Köche sind in hohem Maße von den Emotionen der Kunden abhängig. Man muß eine Atmosphäre schaffen, in der der Gast das Gebotene in positiv gestimmter Seelenlage aufnimmt. Der Gast nämlich ist gewissermaßen ein Opfer seiner Subjektivität, die der Koch nutzen und sie womöglich sogar steigern sollte. Das Essen, die Kochweise

und die Produkte selbst sind dabei selbstredend nicht Nebenrede, sondern stehen an erster Stelle. Qualität ist sozusagen die Ausgangsbasis und Ziel allen kochkünstlerischen Tuns und Trachtens. Was dann auf dem Tisch steht, muß wieder diesen Ansprüchen genügen. Ganz wichtig also ist, daß durch sinnfällige Tafelkultur der kulinarische Anlaß zu einem erhebenden Erlebnis wird.

Das bedeutet auch, daß schon der Blumenschmuck auf dem Tisch einen Einfluß darauf haben kann, wie das Gericht auf dem Teller mundet. Auch kann ein wunderbarer Hummer, der mit Blechbesteck serviert wird, das Gesamtereignis trüben. Auch wenn die Oma des Kochkünstlers in Hausschuhen serviert, würfe dies einen Schatten auf den glanzvollen Abend. Ebenso wird das Wohlbehagen gestört, wenn der Teller nach den letzten Stilmoden eines Foodfotografen drapiert ist oder der Festschmausende neben dem Stammtisch der Feuerwehrkapelle sitzt und vom karierten Tischtuch ißt.

Marie Antoine Carême war ein großer Meister des achtzehnten Jahr hunderts und der erste kulinarische Exportartikel Frankreichs. Er kochte beim Zaren und war später einer der maßgeblichen Leute, die den Wiener Kongreß, auf dem die Niederlage Napoleons verhandelt wurde, im Auftrag des französischen Außenministers kulinarisch versorgte.

Für Carême war die Kochkunst von ähnlichem Rang wie die Architektur. Natürlich mußten die Gerichte schmecken, zudem aber sollte das Auge möglichst vollkommene Pracht genießen. Insbesondere die Naschwaren der Patisserie wurden zu imposanten Figuren hochstilisiert, es waren dabei durchaus auch visuelle Eskapaden zugelassen wie weiland auf eher reduktionistische Art in der "Nouvelle Cuisine". Viele Dinge waren allerdings betrüblicherweise nicht eßbar, ein Mangel, den der große Auguste Escoffier tilgte und verfügte, daß auch die Zierden der Speisen in jedem Falle eßbar sein sollten.

Tisch- und Tafelkultur waren damals in höchster Blüte und entsprachen ungefähr dem, was Frau Gabriele Henkel, die Waschpulverdynastin, an Tisch- und Tafelkunstwerden in heutiger Zeit zelebriert. Es geht immer darum, ganz im Sinne des Philosophen Georg Wilhelm Friedrich Hegel, das reine Material auf eine höhere Ebene zu befördern.

Der Wille des Meisters sollte also sein, Kochen zur Kunst zu erheben. Die höchste Kunst aber liegt in der Einfachheit, und wir leben gottlob in einer Zeit, in der der pure, reine Wohlgeschmack ohne optische Ablenkung immer mehr als erstrebenswert gilt.
Nun leben wir in einer Zeit, in der die Produkte der Natur durch Industrialisierung der Agrarwirtschaft und durch negative Umwelteinflüsse immer miserabler werden. In der guten Gastronomie und im Feinkosthandel genügt es schon lange nicht mehr, einfach Köstlichkeiten zu produzieren, vorher ist viel Mühe darauf zu verwenden, die besten Grundprodukte aufzutreiben, Lebensmittel, die für den Normalbürger nicht ohne weiteres erreichbar sind. Die Suche nach Spitzenprodukten oder landwirtschaftlichen Spezereien ist zu einer neuen Spezialdisziplin der Hochküche geworden.
So lockt die Möglichkeit, zum frisch gestochenen Spargel nicht irgendeinen Kochschinken anzubieten, sondern vielleicht einen Schinken von einer besonderen Schweinerasse. Wenn diese Spitzenprodukte frisch und optimal zubereitet sind, so dürfen diese für sich wirken, ganz ohne Petersiliensträußchen, geschnitztes Gemüse oder gar marinierte Mosaiken.
Damit Essen als Kulturbeitrag wahrgenommen wird, reicht es nicht, daß es möglichst gut schmeckt. Der Geist muß vorbereitet werden auf das, was da kommt. Die Einstimmung darauf beginnt schon lange vor dem ersten Bissen. Fast alle Sinnesorgane sind dafür da, Eindrücke aufzunehmen. Nicht nur der Mund, sondern auch die Ohren, die Nase und natürlich die Augen.
Anders als früher allerdings ist der Mensch des Medienzeitalters mit allerlei Visuellmüll überschüttet, so daß kunstfertige Dekorationen bei Tisch das rechte Maß finden müssen zwischen Opulenz und Schlichtheit. Der Gegenwartsmensch hat eine widersprüchliche Sehnsucht nach Urbanität und dem “einfachen Leben”. Man denke nur an die Naturfreunde, die dem Aufkeimen des Wandertriebs erst mal mit dem Kauf eines Geländewagens begegnen. Wieviel an neuer Schlichtheit beim Essen und auf dem Teller ausgelebt werden sollte, wenn zugleich die Verpflegung zu einer kulturellen Handlung sich erhöhen und ihre

hohen Preise rechtfertigen soll, ist eine schwierige Frage der Balance. Schönheit und Zierat werden vom Kenner nur positiv aufgenommen, wenn er das Gefühl hat, daß nicht zuviel am Essen herumgepusselt wurde. Schönheit muß bei Gerichten einen frischen Auftritt haben, würde der Marketingexperte sagen, doch auch diese Schönheit muß von innen kommen, also gewissermaßen auch über das rein visuelle hinaus von einem hygienischen Geist durchweht sein. Die Schönheit des Gerichts also ist das, was bei den Künsten das sinnliche Scheinen der Idee ist, das Schöne, Wahre, Gute, frisch und bereit zum Verspeisen.

Luxuriöse Stille

Mein Opa, der Philologe war und ein nachdenklicher Mann, behauptete allen Ernstes, daß Musik den Charakter verderbe. Das mußte ich mir als junger Mann oft anhören, denn auch mein Vater übernahm diese These ungeprüft. Inzwischen ist mir einigermaßen klar geworden, was den Erziehungsberechtigten zu solcher Behauptung trieb. Beide wären nie auf die Idee gekommen, mit dieser gewagten Doktrin an die Öffentlichkeit zu treten. Es ging ihnen darum, nur mich, ausgerechnet mich, an das ihrer Meinung nach Wichtigste im Leben zu binden, den Broterwerb. Sie erkannten, daß ich für Musisches empfänglich bin und daß dies unter dem Gesichtspunkt des Überlebens hinderlich sein kann. "Zuerst die Pflicht, dann das Vergnügen", so die einprägsame Empfehlung für den Heranwachsenden, wobei ich mir damals die unbestreitbare Lebensweisheit zurechtgelegt hatte, daß nach dem Vergnügen umso freudiger der sogenannte Ernst des Lebens bewältigt werden kann.

Die Pädagogik spricht anders: Will man zu Tüchtigkeit im Leben gelangen, sollten Ablenkungen davon vermieden werden. Musik ist Ablenkung. Musik entführt in andere Tableaus der Empfindung und lagert sich tief im Unterbewußtsein ab. Man wird durch das Gehörte geprägt, es wird zu einem ureigenen Besitz, und was nicht in den Reservoiren der musikalischen Erfahrung angelegt ist, wird schnell als unerhört empfunden. Nur so kann es erklärt werden, daß junge Leute *ihre* Musik so unwiderstehlich finden, daß sie stolz mit größter Lautstärke die Fenster des Autos öffnen und alle daran teilhaben lassen wollen. Nur so kann die überdimensionale Bewaffnung an Autolautsprechern gedeutet werden. Sendungsbewußtsein kann einsam machen. Auch ich bin in jungen Jahren im ersten Gang durch den Ort gefahren und habe meine Mitbürger für den Funkjazz von Cannonball Adderley missionieren wollen. Keine Sau interessierte das, und ich flüchtete mich in den sophisticateten Status des Jazzfans, der anderweitige Musikvorlieben nur ungern gelten läßt.

Wird kritisch über Musik reflektiert, so sind es selten die leisen Töne, sondern oft die laute Okkupation, komme sie aus den Boostern von Opel Mantas oder gen Ghetto-Blastern Jugendlicher in den Parks, an Badeseen oder sonstwo. Nicht immer will man Musik, und kann man ihr nicht entweichen, ist man ihr ohne die Chance der Flucht ausgeliefert, so kann die schönste Lust der Welt zur Strafe werden.

Säuselt Musik ganz leise, um beispielsweise in der Grabstille eines leeren Restaurants keine Jenseitsgedanken aufkommen zu lassen, so kann der zarteste Bogenstrich ins Gemüt krachen wie ungestümer Donner. Man ist der Musik ausgesetzt, die man sich nicht freiwillig gewählt hat, man ist fremdem Geschmack oder mehr noch den Verwirrungen ausgeliefert. Dabei liefert sich der Hungrige doch gerne dem Koch aus, vertraut sich ihm an. Gutes Essen soll kommen, und es drängt so manchen Kostgänger die Frage: Kann man sich dem guten Geschmack eines Kochs anvertrauen, wenn er einen schlechten Musikgeschmack hat? Ist es erlaubt, von dem Koch, dem man Vertrauen entgegenbringt, zu verlangen, die digitalisierten Vier Jahreszeiten Vivaldis abzustellen? Ich denke schon, sozusagen als Partnerhilfe: Der Koch soll mich in neue Gefilde des Schmeckens entführen, und wir verhelfen ihm zu einer Ohrenerholung.

Es ist sicher nicht ganz falsch, bei völlig leerem Lokal irgendeine Geräuschkulisse zu haben. Ob es aber Musik sein muß? Ja, es war einmal, da hatten die meisten Restaurants noch das Buffet im Gastraum, es war sogar gesetzlich vorgeschrieben, damit der Kunde das Bierzapfen einsehen konnte und vor Tropfbier sicher war. Die Betriebsamkeit der Serviererinnen war noch deutlich vernehmbar, und auch aus der Küche drangen appetitanregende Arbeitsgeräusche.

Wie konnte es soweit kommen? Ich denke, daß ein Großteil der Gastronomie so degeneriert ist, daß sie dem Gast vorgaukeln will, daß in der Küche und am Tresen gezaubert wird. Nichts darf an Arbeit erinnern, und ein jeder Laden will vornehmer sein als der andere. Will das der Gast? Gewiß, es gibt Feinschmecker, die in Ruhe genießen möchten. Ob es die wahren Gourmets sind, ist allerdings fraglich, sonst wären ja die lautstarken Franzosen und die lebhaften Italiener bei Tisch genau das, was sie von uns Deutschen behaupten, nämlich Banausen.

So haben wir eine seltsame Entwicklung, die es notwendig macht, die Beklemmung in einem wenig frequentierten Lokal aufzulockern. Aber es scheint doch der falsche Weg, denn der Gast darf sicherlich auch hören, wie für ihn gekocht und gearbeitet wird. Es wird also gekocht, gezapft, die Korken fliegen, oder es ist still. Doch musiziert muß nicht werden. Live ginge ja noch, aber die Musikkonserve ist reichlich dämlich, es sei denn, man kocht sowieso alles aus der Dose.

Nun gibt es Menschen, die benötigen immer einen gewissen "Gestank im Ohr", das aber sind selten die wahren Musikliebhaber. Hierbei ist zu fragen, ob man ein dudelverseuchtes Publikum pflegt, das sogar bei vollbesetztem Lokal zum ganzen Lärminferno noch eins drauf braucht? Ich meine, man kann solch Publikum nicht pflegen – erschwerend kommt hinzu, daß man sowieso immer das falsche Tonband eingelegt hat.

Geschäftsleute, die geheime Gespräche führen möchten und bei enggestellten Tischen Lauschangriffe befürchten, sind womöglich im falschen Lokal. Das abhörsichere Ambiente eines Salzstocks in achthundert Metern Tiefe, gegen das der Ruheraum eines Trappistenklosters die reine Disco ist, kann von keinem Schlemmertempel geboten werden. Als Wirt muß man auch nicht alle Bedürfnisse abdecken und auch nicht jeden Umsatz mitnehmen wollen. Ein kleines Lokal hat seine Stärken, die ein großes nie erfüllen kann und umgekehrt.

Aber es gibt ihn, den still vor sich hinverdauenden Normalverbraucher. Er benötigt seine *Kleine Nachtmusik*, die ihm auch im Aldimarkt signalisiert, daß er sich zuhause fühlen kann. Könnte die Gastronomie nicht die Courage aufbringen und dafür sorgen, daß sich der Gast nicht wie zuhause fühlt (denn sonst könnte er eh gleich dort bleiben)? Könnte man als Wirt, auch wenn der Laden mal leer sein sollte, die Leute in Ruhe lassen oder sie sogar mit den Ohren draufstupfen, daß Stille ein ganz seltener Luxus geworden ist? Sie ist sogar so selten geworden, daß man sich als Gastronom überlegen sollte, ob man bei leerem, stillem Lokal die Preise leicht anheben sollte.

Schluß mit dem Pumuckltellerr

Die deutsche Gastronomie der Nachkriegszeit hat außer dem Österreicher Witzigmann und den höchst angenehmen Folgen immerhin noch mindestens eine Kulturleistung hervorgebracht: das Kindermenü mit Geniestreichen wie dem "Pumuckltellerr" oder dem Lagerfeuergericht der "Schlümpfe". Wenn das Disney-Imperium auf seine Urheberrechte pochte und den Köchen an die Schürze ginge, wäre die deutsche Gastronomie in üblen Turbulenzen: Es wäre das Aus für das Mickymaus-Menü, Schluß mit dem Daniel-Düsentrieb-Salat, dem Goofy- oder Daisydessert. Es wäre allerdings auch das Aus für eine Kinderliebe, die keine ist.

Es handelt sich nämlich bei den Kindermenüs nicht bloß um milde Bauernfängerei, es handelt sich um vorsätzliches Hintergehen eines ahnungslosen jungen Publikums. Denn wie dem Bratklopskonzern McDonalds, der für scheinheilige Kinderliebe berüchtigt ist, geht es auch den Pumuckl-Wirten nicht um das Wohl der kleinen Gäste. Es geht um Gewinnmaximierung und darum, daß Ruhe im Saal herrscht, daß die Eltern und der Wirt ihren Frieden haben und daß sich niemand an der Gegenwart quengeliger Kinder inkommodieren muß. Das Kindertellerunwesen ist eine Schurkerei, die sich ursächlich aus der Bequemlichkeit nährt. Die Folgen für die deutsche Gastronomie sind verheerend, der Nachwuchs, der ja später eigentlich einmal Feinschmeckermenüs essen sollte, muß zuvor quasi erst auf Entzug gesetzt werden, bevor er für höhere kulinarische Weihen empfänglich wird.

Die Junkfood-Lobby sowie viele deutsche Gastronomen verseuchen das nachwachsende Publikum, und für deutsche Köche wäre es also höchste Zeit, den Hebel umzulegen. Doch nichts geschieht. Die deutschen Kinderteller enthalten das von der Fastfood-Branche Gebotene: Mayonnaise, Ketchup, Pommes, völlig übersüßte Getränke.

Für die kulinarische Zukunft benötigen wir Kinder, die auf dem richtigen Weg der Verköstigung sind. Wirklich kinderfreundliches Essen muß gesund und natürlich sein. Wir alle wissen, daß Italiener nicht nur kinderfreundlich, sondern, mehr noch, kinderlieb sind, was einen gewaltigen Unterschied macht. Hat schon jemand auf italienischen Speisekarten einen Kinderteller gesichtet? In Italien bekommen die Jungen von den Alten etwas ab, und in Frankreich ist es größtenteils auch so. Die Eltern bringen im Restaurant den Kindern bei, wie gutes Essen sein kann. Was in Italien dazu führt, daß jeder Hafenarbeiter genußvoller mit dem Essen umgeht als in Deutschland das sogenannte Bildungsbürgertum.

Schwabenland magst ruhig sein

Seit ich mich auf Wanderschaft befunden habe, sind weiß Gott einige Jährchen vergangen. Damals genoß ich noch geregelten Schlaf, nahm diesen aber nicht wahr. Nach Feierabend, spät in der Nacht, verließ ich häufig mit meinem Kochkollegen Günti, einem wunderbaren Wiener Hallodri, den schweren Dunst der Küche, um mir die *andere* Luft der preiswerten Nachtlokale Münchens einzuziehen.

Anderen Tages, gegen zehn Uhr morgens, war immer die gleiche Selbstdiagnose fällig: leichtes Schädelbrummen mit anschließendem Spätdienst. Mein Budenkumpel Günti schmiß mich aus dem Bett. Zur Wiederbelebung gab es erst einige Spritzer Wasser ins Gesicht, dann verschwenderisch Deodorant überallhin. Schon schrie Günti auf dem Flur: “Auf geht’s, wir müssen zum Schöpfen.” Jawohl wir waren schöpferisch tätig, es galt, die Tagessuppe zu kochen und sie danach für die feinen Gäste in Goldrandtässchen zu füllen.

Wir schöpften also tagtäglich, waren jedoch nicht so bescheiden, um uns nicht im Klaren zu sein, daß wir über die reine Maloche hinaus auch gestalterisch tätig waren. Nie aber wären wir auf die Idee gekommen, uns kreativ zu nennen. Jetzt wissen wir es: Wir leben in einer Welt der umgekehrten Werte. Philosophen sind nicht mehr gefragt, seit man Köche so nennt. Früher gab es noch echte Stars. In Deutschland waren die letzten Ikonen dieser Art Romy Schneider und Curd Jürgens. Inzwischen sind die Köche nachgerückt. Nicht jeder freiwillig! Da den Medien die Sensationen knapp sind, muß schon der Koch herhalten und sieht sich augenreibend unvermittelt als Küchenstar wieder. Seine Kundschaft, also jeder, der eine Wachtel von Kopfsalat unterscheiden kann, nennt sich Gourmet, wobei es doch nur um Empfindungsfähigkeit beim guten Essen geht. Mir schwillt der Hals, wenn ich daran denke, daß ein ordentlich aufgeräumtes Restaurant, das weißes Tuch über die Tische wirft und sauber geputzte Gläser darauf stellt, Schlemmertempel genannt wird, nur weil es gut gekochtes Essen gibt, das ein williger Angestellter heranträgt. Vor dem Krieg, als die gehobene Gesellschaft in den palastartigen Räumen des Hotel Marquardt am Stuttgarter Schloßplatz tafelte, redete davon niemand. Es sprach auch niemand von kreativer Küche, obwohl zu dieser Zeit die professionelle Küche klassischen Maßstäben genügte.

Mittlerweile befinden wir uns im Hurrikan der Werbung, des permanenten Kreativschubs unzähliger Leute in schwarzen Klamotten. Diejenigen, die Weiß tragen, die Köche, glauben größtenteils auch, das jede neue Idee selbstredend eine gute sei. Im verwirrenden Bodennebel pausenloser Sinnstiftung ist jedoch Qualität kaum mehr aufzustöbern. Mir soll's egal sein, wenn man nur den kreativen Schaffensdrang manchmal außen vor ließe. Es muß sich keiner an den schwäbischen Maultaschen vergreifen. Eine kleine Maultasche, mit Lachs gefüllt, ist nun mal keine. Man sollte solche Erfindungen ehrlicherweise den Italienern zuordnen. Immerhin sind sie durch ihre Pasta-Kreationen dabei, unser solides Schwabenhirn noch vollends zu vernudeln. Wie sollen wir Schwaben eine stabile Identität finden und bewahren, wenn wir nicht mehr wissen, was in die Maultaschen rein muß. Es sollte kreativitätsfreie Zonen geben, geschützt vielleicht nicht durch Stacheldraht, aber durch höchste staatliche Gewalt.

Ungeachtet dessen braucht das Land aber auch neue Klassiker. Was Bestand hat, wird die Zeit zeigen und der Koch, der wenigstens mit einem Gericht zur Zukunft etwas beiträgt, darf stolz sein. Aber womöglich werden sich in zwei Generationen die Großväter des neuen Jahrtausends auf dem Stuttgarter Stadtfest sehnsüchtig-verzückt angesichts schwäbischer Scampispießchen die Ohren vollraunen: "Das waren noch Zeiten, als es noch die echten Nesenbacher Scampispießchen gab."

Wir Köche hätten also etwas von Bestand kreiert. Ob es Scampispießchen, womöglich in Nudelteig gepackt, sein werden? Daran glaube ich nicht. Trotzdem, Schwabenland magst ruhig sein, wir Köche bleiben dran.